DR. DOMINIK BRENDEL

Marlen Schulz · Ortwin Renn (Hrsg.)

Das Gruppendelphi

W0192475

DR. DOMINIK BRENDEL

Marlen Schulz
Ortwin Renn (Hrsg.)

Das
Gruppendelphi

Konzept und
Fragebogenkonstruktion

VS VERLAG FÜR SOZIALWISSENSCHAFTEN

Bibliografische Information der Deutschen Nationalbibliothek
Die Deutsche Nationalbibliothek verzeichnet diese Publikation in der
Deutschen Nationalbibliografie; detaillierte bibliografische Daten sind im Internet über
<http://dnb.d-nb.de> abrufbar.

1. Auflage 2009

Alle Rechte vorbehalten
© VS Verlag für Sozialwissenschaften | GWV Fachverlage GmbH, Wiesbaden 2009

Lektorat: Frank Engelhardt

VS Verlag für Sozialwissenschaften ist Teil der Fachverlagsgruppe
Springer Science+Business Media.
www.vs-verlag.de

Das Werk einschließlich aller seiner Teile ist urheberrechtlich geschützt. Jede
Verwertung außerhalb der engen Grenzen des Urheberrechtsgesetzes ist
ohne Zustimmung des Verlags unzulässig und strafbar. Das gilt insbesondere
für Vervielfältigungen, Übersetzungen, Mikroverfilmungen und die Einspei-
cherung und Verarbeitung in elektronischen Systemen.

Die Wiedergabe von Gebrauchsnamen, Handelsnamen, Warenbezeichnungen usw. in diesem
Werk berechtigt auch ohne besondere Kennzeichnung nicht zu der Annahme, dass solche
Namen im Sinne der Warenzeichen- und Markenschutz-Gesetzgebung als frei zu betrachten
wären und daher von jedermann benutzt werden dürften.

Umschlaggestaltung: KünkelLopka Medienentwicklung, Heidelberg
Druck und buchbinderische Verarbeitung: Krips b.v., Meppel
Gedruckt auf säurefreiem und chlorfrei gebleichtem Papier
Printed in the Netherlands

ISBN 978-3-531-16176-1

Inhaltsverzeichnis

Abbildungsverzeichnis

1 Einleitung
(Schulz, Marlen; Renn, Ortwin)

Der vorliegende Sammelband widmet sich dem Gruppendelphi, einer diskursiven Methode, die in Anlehnung an das klassische Delphiverfahren zur Entwicklung von politischen Leitbildern und Planungszielen von Renn et al. und Webler et al. entwickelt und vielfach in der Praxis eingesetzt wurde (vgl. Renn et al. 1985; Webler et al. 1991). Anhand verschiedener Beispiele aus der Praxis stellt dieses Buch die Methode des Gruppendelphis vor und diskutiert die dabei auftretenden Schwächen und Stärken. Der inhaltliche Fokus liegt auf dem Fragebogen, dem methodischen Herzstück eines Gruppendelphis. Die Konstruktion des Fragebogens erfolgt unter Berücksichtigung spezifischer Momente eines Diskursverfahrens. Regeln üblicher standardisierter quantitativer Befragungen und damit auch von traditionellen Delphi-Befragungen können nicht eins zu eins übernommen werden.

Zunächst wird das klassische Delphi-Verfahren vorgestellt und anschließend das Gruppendelphi als eine modifizierte Variante des Verfahrens beschrieben. Anhand dieser Methode wird die Fragebogenkonstruktion kritisch diskutiert. Untermauert werden die methodischen Vorschläge durch die Darstellung von Praxisbeispielen, bei denen das Verfahren des Gruppendelphis erfolgreich angewendet wurde.

1. Das erste Projekt heißt „Wasserwirtschaftliche Anpassungsstrategien an den Klimawandel (WASKLim)" und wurde von dem gemeinnützigen Forschungsinstitut DIALOGIK (www.dialogik-expert.de) im Auftrag des Umweltbundesamtes von 2007-2009 durchgeführt. Das Delphi fand im April 2008 in den Räumlichkeiten des Umweltbundesamtes statt. Das hier eingesetzte Delphiverfahren entspricht weitestgehend den traditionellen Strukturmerkmalen eines Gruppendelphis. Allerdings wurde auf den Versand eines Individualfragebogens im Vorfeld des Workshops verzichtet.

2. Von diesen Strukturvorgaben weicht das Gruppendelphi im EU Forschungsprojekt „Optimized Strategies for Risk Assessment of Industrial Chemicals through Integration of Non-Test and Test Information (OSIRIS)" etwas ab. In diesem Projekt wurde den Teilnehmern vorab ein Fragebogen zugesandt

und es wurde auf die Verwendung von Fragen zur Urteilssicherheit komplett verzichtet. Auch dieses Projekt wurde von DIALOGIK betreut.

3. Am soziologischen Institut der Universität Stuttgart (www.uni-stuttgart.de/soz/institut) wurde im Rahmen des Adipositas-Projekts, gefördert vom Bundesministerium für Bildung und Forschung (BMBF), ein Gruppendelphi in einem politisch sehr umstrittenen und gleichzeitig sozial hochsensiblen Gebiet eingesetzt: dem Übergewicht von Kindern und Jugendlichen.

4. Der interdisziplinäre Forschungsschwerpunkt Risiko und Nachhaltige Technikentwicklung (ZIRN, www.zirn-info.de) des Zentrums für Kultur- und Technikforschung der Universität Stuttgart hat im Rahmen des Projekts „NEEDS" (New Energy Externalities Development for Sustainability), das von der Europäischen Kommission im Rahmen des 6. EU-Forschungsrahmenprogramms gefördert wurde, ein Gruppendelphi durchgeführt. Dort wurde der Fragebogen bereits im Vorfeld des Workshops den Teilnehmern zugeschickt.

5. Ein ähnliches Vorgehen wurde im Projekt „Die Identifizierung und Messung von sozialen Indikatoren zur Nachhaltigkeit von ausgewählten Stromerzeugungssystemen in der Schweiz" gewählt. Im Rahmen dieses Projektes veranstaltete DIALOGIK ein zweitägiges Gruppendelphi, welches sich relativ eng am üblichen Vorgehen eines Gruppendelphis orientierte. Vorab erhielten die Experten einen Fragebogen mit der Bitte um Beantwortung. Die Auswertung dieses Fragebogens bildete die Grundlage für den anschließenden Workshop.

Im Anschluss an die fünf Praxisbeispiele werden zentrale methodische Befunde, die es bei der Organisation eines Gruppendelphis und insbesondere bei der Entwicklung des Fragebogens zu beachten gilt, diskutiert.

Der vorliegende Sammelband soll vor allem praktische Hilfestellung bei der Durchführung eines Gruppendelphis, insbesondere bei der Entwicklung eines adäquaten Fragebogens, liefern. Ein Auswertungsprogramm finden Sie auf www.vs-verlag.de unter OnlinePlus.. Es erlaubt die Auswertung eines Gruppendelphis effektiv und zeitsparend durchzuführen.

Wir danken allen Autoren für die interessanten Beiträge und allen Beteiligten für ihr Einverständnis zur Veröffentlichung der Daten.

TEIL 1: Konzept und Methodik

2 Das Gruppendelphi: Konzept und Vorgehensweise
(Schulz, Marlen; Renn, Ortwin)

2.1 Das klassische Delphi-Verfahren

Das Delphi-Verfahren wurde als dialogorientiertes Verfahren von der RAND Co. in den 50er und 60er Jahren entwickelt (vgl. Dalkey & Helmer 1963). Ursprünglich in Experimenten für militärische Zwecke eingesetzt, wird es mittlerweile vor allem als Prognose- und Zukunftsforschungsinstrument beispielsweise in der Technikfolgenabschätzung oder Politikberatung verwendet (vgl. Häder & Häder 1995: 9; Mintroff & Turoff 1975; Benarie 1988; Häder 2002: 21f; Meister & Oldenburg 2008).

Eine einheitliche Begriffsdefinition gibt es bis heute nicht. Nach Dalkey und Helmer eignet sich das Verfahren „to obtain the most reliable consensus of opinion of a group of experts ... by a series of intensive questionnaires interspersed with controlled feedback" (1963: 458). Linstone und Turoff (1975: 3) charakterisieren ein Delphi „as a method for structuring a group communication process so that the process is effective in allowing a group of individuals, as a whole, to deal with a complex problem". Häder und Häder (1995: 12) definieren die Delphi-Methode als einen vergleichsweise stark strukturierten Gruppenkommunikationsprozess, in dessen Verlauf Sachverhalte durch Experten beurteilt werden, über die unsicheres und unvollständiges Wissen existiert.

Ganz allgemein kann ein Delphi als ein Verfahren verstanden werden, bei dem in einem iterativen Prozess Expertenurteile zu einer bestimmten Fragestellung ermittelt werden, mit dem Ziel Konsens und Dissens in den Urteilen zu erfassen und zu begründen. „The major elements of the conventional Delphi are iteration with feedback of responses into the successive round, assessment of group judgment, anonymity of participants, and opportunity for participants to revise their views" (Webler et al. 1991: 257). Die Validität eines Delphi-Verfahrens wird in der Regel über die „Theorie der Fehler" erläutert. Diese besagt, dass „die aggregierten Gruppenantworten eine Aussage repräsentieren, die der Mehrheit der einzelnen ExpertInnen überlegen ist" (Aichholzer 2002: 4).

Der Ablauf eines Delphis

Auch wenn, wie Häder (2002; 2006) ausführlich darstellt, bis heute verschiedene Varianten des Delphi-Verfahrens zu finden sind, kann ein allgemeines Ablaufmodell postuliert werden (vgl. hierzu auch Renn & Webler 1998; Cuhls & Blind 1999).

Schritt 1
Ein Forschungsteam entwickelt einen standardisierten Fragebogen über den relevanten Sachverhalt. Dieser beinhaltet in der Regel die Abfrage zu erwartender Konsequenzen einer Maßnahme oder einer Entscheidungsoption sowie die Abfrage der subjektiven Sicherheit der Experten.[1]

Schritt 2
Der Fragebogen wird an eine Gruppe von anerkannten Experten des jeweiligen Fachgebietes verschickt. Die Experten beantworten anonym die Fragen nach bestem Wissen und schätzen die „subjektive Gewissheit", d.h. die geschätzte Validität ihrer eigenen Antworten.

Schritt 3
Das Forschungsteam ermittelt die Durchschnittswerte, die Extremwerte und die Varianzen der Antworten.

Schritt 4
Der ursprüngliche Fragebogen wird zusammen mit der Auswertung der ersten Befragung an die Experten zurückgesandt. Dabei werden alle Namen der Experten anonym gehalten, um Beeinflussungen durch Status oder Seniorität auszuschalten. Die Befragten werden gebeten, den Fragebogen ein zweites Mal auszufüllen, diesmal jedoch mit der Vorgabe, die Ergebnisse der ersten Befragung als Korrektiv der eigenen Urteile mit in die erneute Urteilsbildung einzubeziehen. Zweck dieser zweiten Befragung ist es, die Varianz der möglichen Antworten zu reduzieren und die kollektive Urteilssicherheit zu erhöhen.

Schritt 5
Die Schritte 2, 3 und 4 werden solange wiederholt, bis die Experten keine Änderungen ihrer Urteile mehr vornehmen.

---

[1] Bei männlicher Schreibweise sind sowohl Männer als auch Frauen gemeint.

Im Idealfall identifiziert das Delphi-Verfahren die Bewertungen, die innerhalb der Expertengruppe konsensfähig sind oder einen Dissens begründen. Durch die Anonymisierung der Teilnehmer und den iterativen Prozess der Befragung kann der jeweilige Kenntnisstand ohne Rücksicht auf Prestige oder Status eines jeden Teilnehmers am Delphi-Prozess dargestellt werden.

Diese kurze Darstellung verdeutlicht die wesentlichen Kennzeichen eines klassischen Delphi-Verfahrens (vgl. Webler et al. 1991: 257; Häder 2002: 25). Sie können folgendermaßen zusammengefasst werden:

- Verwendung eines formalisierten Fragebogens
- Befragung von Experten
- Anonymität der Einzelantworten
- Ermittlung einer statistischen Gruppenantwort über univariate Befunde
- Rückkopplung der statistischen Ergebnisse an die Teilnehmer mit der Möglichkeit der Revision ihrer Urteile
- (Mehrfache) Wiederholung der Befragung

Bis heute wird das Delphi-Verfahren beständig weiterentwickelt und modifiziert. Die verschiedenen Varianten beziehen sich vor allem auf die Anzahl der Befragungswellen, die Auswahl der Experten, die Gestaltung der Feedbackrunden sowie die Ermittlung der Self-ratings der Experten (vgl. Häder 2002: 25; Cuhls & Blind 1999). Vergessen wird in solchen Darstellungen häufig eine wichtige Modifikation, die in den 90er Jahren entwickelt wurde und den Ablaufplan der Delphi-Befragung grundlegend verändert. Diese Modifikation ist das Gruppendelphi, das im nächsten Unterkapitel vorgestellt wird.

2.2 Das Gruppendelphi

In den 80er und 90er Jahren wurde das so genannte Gruppendelphi konzipiert. Dieses stellt eine Modifikation des traditionellen Delphi-Verfahrens dar und versucht, die positiven Aspekte beizubehalten und die negativen Seiten zu kompensieren (vgl. Renn & Kotte 1984; Renn et al. 1985; Webler et al. 1991; Renn & Webler 1998). Denn einer der gravierenden Nachteile des traditionellen Delphi-Verfahrens ist das Fehlen von inhaltlichen Begründungen für abweichende Urteile (vgl. Hill & Fowles 1975).

Um diese adäquat erfassen zu können, entstand die Idee, die Experten im Rahmen von Workshops, also face-to-face, zusammenzuführen. Die Experten werden nicht mehr durch eine postalische Befragung und Rückkopplung miteinander verbunden, sondern zu einem gemeinsamen Workshop von ein bis zwei Tagen eingeladen. Damit wird der Aspekt der Anonymität aufgegeben. Die Vorteile dieser Face-to-face Kommunikation haben Webler et al. 1991 zusammengefasst: „First ... there ist direct and immediate feedback ... Second, the justifications given for dissenting viewpoints also give secondary insights into which deviations are accepted by the panel. Third, these discussions provide an internal check for consistence in accepted viewpoints" (1991: 258). Aufgrund der Expertendiskussionen sind auch die verbalen Begründungen für unterschiedliche Abschätzungen als zusätzliche Informationen zu den Profilen gespeichert. Die grundlegende Struktur und der Aufbau des traditionellen Delphi-Verfahrens werden also beibehalten, nur die Befragungssituation wird von einer anonymen hin zu einer diskursiven Variante modifiziert.

Wichtig ist dabei, dass die eingeladenen Experten die in der Fachwelt diskutierte Bandbreite an unterschiedlichen Auffassungen und Interpretationen vertreten. Außerdem sollten die Experten aufgrund des Wegfalls der Anonymität über einen ähnlichen Status verfügen (vgl. Webler et al. 1991: 257f). Gleichzeitig ist die Zahl der eingeladenen Experten von 16-25 Personen nicht zu überschreiten.

Gruppendelphis haben sich mittlerweile vor allem als ein geeignetes Instrument zur Evaluationsforschung sowie zur Politikberatung bewährt. Sie sind besonders dafür geeignet, Fragen zu bearbeiten, die Expertise und Urteilskraft benötigen. Antworten müssen zum einen systematisch erarbeitete Wissensbestände und wissenschaftliche Argumente reflektieren und zum anderen darauf aufbauend eine abgewogene und rational begründbare Bewertung erlauben. In dieser Kombination von Sachwissen und Urteilsfähigkeit liegt auch das Potenzial von Gruppendelphis, mehr Klarheit und Transparenz in wissensbasierte Kontroversen zu bringen. Damit sind Gruppendelphis vor allem zur Behandlung von so genannten Expertendilemmata geeignet, bei denen unterschiedliche Expertenbewertungen aufeinanderprallen, ohne dass eine Lösung allein auf der Basis epistemologischer Instrumente (wie Nachmessung, Peer review) gelingt. In der Praxis lässt sich meist unter den Kontrahenten eine Systematisierung der Aussagen zu einem Sachverhalt in eine der fünf Kategorien einteilen:

- *absurd:* nach allen Erkenntnissen der Wissenschaft ist diese Behauptung nicht aufrecht zu erhalten. Sie widerspricht den gesicherten Erkenntnisbeständen der jeweiligen Disziplin und würde auch unter einem anderen disziplinären Blickwinkel nicht überzeugen können. Eine solche Behauptung kann daher aus dem weiteren Diskurs ausgeschlossen werden. Allerdings empfiehlt es sich, die absurden Behauptungen nach einiger Zeit erneut zu prüfen, ob nicht der Fortschritt im Wissensbestand eine Neubewertung der Aussage erfordert (etwa bei den Prognosen in der Science Fiction Literatur). Welche Aussagen als absurd eingestuft werden sollen, lässt sich mit Hilfe des Guppendelphis in der Regel konsensual bestimmen.

- *möglich:* nach den Erkenntnissen der Wissenschaften ist eine solche Behauptung im Prinzip möglich, aber höchst unwahrscheinlich. Für eine Einordnung in die Kategorie Möglichkeit reicht es aus, wenn die Folge oder das Ereignis, so wie es in der Behauptung zum Ausdruck kommt, auch in der Realität auftreten könnte. Solche sehr seltenen aber möglichen Ereignisse sind vor allem dann von Interesse, wenn es davon sehr viele voneinander unabhängige gibt, so dass man mit einer „Überraschung" oder mehreren „Überraschungen" in dem betrachteten Systemkontext und in einem überschaubaren Zeitrahmen rechnen muss (etwa bei Sicherheitsanalysen). Methodisch sind für diese Kategorie vor allem Szenarien gut geeignet, die in einem Delphi-Prozess bewertet werden können.

- *wahrscheinlich:* In diese Kategorie fallen solche Behauptungen, die qualitativ oder quantitativ den Grad der Wahrscheinlichkeit angeben können, mit dem die jeweils geäußerte Behauptung zutrifft. Ob die behauptete Charakterisierung der Wahrscheinlichkeit und der damit verbundenen Unsicherheiten gerechtfertigt ist, kann in einem Gruppendelphi zumindest bearbeitet werden. Das Verfahren bietet keine neue Lösung eines Konfliktes für die Charakterisierung von Unsicherheiten an, kann aber die Argumente der Vertreter der verschiedenen Standpunkte sammeln, ordnen und in einen Gesamtkontext einordnen. Ziel ist dann nicht der Konsens sondern der Konsens über den Dissens.

- *sicher:* In diese Kategorie fallen solche Aussagen, die von den jeweiligen Fachwissenschaftlern als gesichertes Wissen angesehen werden. Im interdisziplinären Diskurs kann diese Sicherheit auch wieder in Frage gestellt werden, aber gerade dann ist das Gruppendelphi ein geeigneter Kommunikationsprozess, um die Argumente gegen eine als gesicherte Erkenntnis dargestellte Behauptung vorzubringen und im Diskurs zu verteidigen.

- *unentscheidbar:* Diese Kategorie ist sehr problematisch, weil sie auch gerne strategisch benutzt wird, um an sicheren oder wahrscheinlichen Aussagen Kritik zu üben, ohne dass es dafür substantielle Argumente gibt. KO-Argumente wie „Modelle können niemals die ganze Wirklichkeit erfassen" oder „Die Realität ist immer komplexer als die Möglichkeiten, sie analytisch zu begreifen" bringen jeden Diskurs in die Sackgasse. In den letzten Jahren hat es daher eine intensive Debatte um Unterscheidungsmerkmale von Nicht-Wissen gegeben (vgl. Halfmann & Japp 1990; Wynne 1992; Jasanoff 2004; Böschen et al. 2006). Dabei wird zwischen Vermutungen, die möglicherweise eintreten können und Ahnungslosigkeit unterschieden. Ahnungslosigkeit liegt dann vor, wenn gar keine Behauptung aufgestellt wird, die überprüft werden könnte. Hier hilft dann nur die Selbstbescheidung vor dem eigenen Erkenntnisvermögen (vgl. Stirling 2007). Bei den Vermutungen wäre aber wieder zwischen absurd, möglich und wahrscheinlich zu differenzieren. Gelingt es dem Diskurs nicht, eine der drei Kategorien zu wählen, ist eine Einordnung in die Kategorie „Unentscheidbar" gerechtfertigt.

Die Aufteilung in diese Kategorien geschieht im Gruppendelphi in der Regel nicht direkt sondern indirekt. Die Teilnehmer werden etwa gebeten, die Eintrittswahrscheinlichkeit von Folgen auf eine Skala von 0 (absurd), 1 (möglich), wahrscheinlich (2-9) und sicher (10) einzustufen. Zudem wird meist auch nach der subjektiven Gewissheit der eigenen Bewertung gefragt. Aus den Profilen der Einschätzungen der eigenen Gewissheit lässt sich dann recht gut eine Klassifikation nach „möglich" bis „sehr wahrscheinlich" vornehmen.

Neben der epistemischen Funktion von Gruppendelphis ist auch die Bewertungsfunktion zu nennen. Häufig geht es nicht darum, ob und mit welcher Wahrscheinlichkeit eine Folge oder ein Ereignis eintreten kann, sondern auch wie schwerwiegend eine solche Folge oder ein solches Ereignis empfunden wird. Zum Beispiel können sich alle Experten darüber einig sein, dass eine bestimmte Menge an Schadstoffen in einem Konsumprodukt enthalten ist. Für die einen ist schon das Vorliegen einer Gefährdung (hazard) Grund für eine negative Bewertung (bzw. eine Aufforderung an die Regulierungsbehörden, hier einzuschreiten). Für die anderen ist diese Gefährdung so lange belanglos, so lange es keine Exposition gibt, also niemand von der Gefährdung betroffen ist. Beispiele dafür sind Phtallate in Kinderspielzeug, PKAs in Gummischuhen oder Semocarbizide in Flaschenabschlüssen. Das Delphi kann den Konflikt nicht auflösen, ihn aber deutlich machen und die Begründungen für die unterschiedlichen Bewertungen herausstreichen. Es ist dann die Aufgabe der legitimen Entscheidungsträger (auch in Kombination mit partizipativen Verfahren), aus dieser Gegenüberstellung der Argumente die angemessenen politischen Beschlüsse zu treffen.

Thematisch lässt sich das Delphi für alle Themenbereiche einsetzen, bei denen Sachwissen für Entscheidungen relevant ist, das aber die Entscheidung nicht determinieren kann oder soll. Verfahren des Gruppendelphis sind in der Vergangenheit vor allem zur Ermittlung von Expertenurteilen zu Themen der Zukunftsforschung, Prognose, politischen Maßnahmenentwicklung und Prioritätensetzung eingesetzt worden.

Der Ablauf eines Gruppendelphis

Die einzelnen Schritte im Gruppendelphi orientieren sich am klassischen Verfahren. Sie werden im Folgenden vorgestellt. In die Darstellung der einzelnen Schritte fließen bisherige praktische Erfahrungen der Autoren ein (vgl. hierzu auch Renn & Webler 1998).

Schritt 1
Im Vorfeld oder spätestens zu Beginn des Workshops werden den Teilnehmern die Aufgabenstellung und die Struktur des Fragebogens erläutert. Außerdem empfiehlt sich aufgrund der relativen Neuheit des Verfahrens eine kurze Plenumseinweisung in die Methode des Gruppendelphis. Bei einem eintägigen Workshop raten wir für diesen Schritt maximal eine Stunde einzuplanen (vgl. Anhang Tagesabläufe der Gruppendelphis).

Schritt 2
Anschließend werden die Teilnehmer in einer ersten Runde in Gruppen aufgeteilt. Die Anzahl der Gruppen richtet sich nach der Anzahl der Teilnehmer. Bei 25 Teilnehmern empfehlen wir die Bildung von fünf Gruppen und bei 16 Teilnehmern von vier Gruppen. Generell sollte die Gruppengröße zwischen drei und maximal sechs Personen liegen. Die Aufteilung erfolgt in der Regel zufällig und nicht systematisch. Dazu können beispielsweise die Teilnehmer zu Beginn des Workshops eine Nummer ziehen, die dann Grundlage für die Gruppeneinteilung ist.

Schritt 3
Jede dieser Kleingruppen erhält die gleiche Aufgabe, nämlich den erläuterten Fragebogen auszufüllen. Dazu werden die Gruppen idealerweise in verschiedene Räume geführt, die eine ungestörte Diskussion ermöglichen und zulassen.

Um möglichst wenig externe Effekte zu haben, sollte das Forscherteam bei den Kleingruppendiskussionen nicht anwesend sein. Derart können und sollen mögliche Interviewereffekte minimiert werden und die Teilnehmer können ungehindert miteinander diskutieren. Ziel ist es, dass sich die Gruppen auf eine gemeinsame Antwort einigen. Konsens wird angestrebt, allerdings sind auch

17

abweichende Voten möglich. Einigt sich eine Gruppe nicht auf eine gemeinsame Antwort, können Mehrheits- und Minderheitsvoten abgegeben werden.

Für diese Phase empfehlen wir je nach Länge des Fragebogens zwischen ein bis zwei Stunden.

Schritt 4

Nach der ersten Kleingruppenarbeit haben die Teilnehmer Pause, üblicherweise Mittagspause. In dieser Zeit wertet das Forscherteam die Fragebögen aus. Dazu sind verschiedene Möglichkeiten denkbar. Die Antworten können entweder über die im Internet bereitgestellte Auswertungssoftware oder in ein vorher zusammengestelltes SPSS File bzw. ein entsprechendes Statistikprogramm übertragen werden. Man kann sie aber auch direkt über die jeweilige Gruppenbezeichnung in eine digitale Version des Fragebogens einfügen. Der mit allen Gruppenantworten ausgefüllte Fragebogen kann in der anschließenden Plenumsdiskussion über einen Beamer präsentiert werden.

Das erste Verfahren ermöglicht eine relativ schnelle Berechnung statistischer Kennzahlen und die zweite Möglichkeit gewährleistet eine visuelle Darstellung der Varianzen.

Schritt 5

Im Plenum müssen diejenigen Experten, deren Bewertungen signifikant vom Mittelwert aller anderen Teilnehmer abweichen, ihren Standpunkt eingehend vor den anderen begründen und verteidigen. Sinn dieses Austauschs von Argumenten ist es, die knappe Zeit für die Kommunikation auf die Themen zu lenken, bei denen offensichtlich die größte Diskrepanz in den Einschätzungen auftritt. Ziel der Diskussion ist es herauszufinden, worin der Dissens begründet liegt, und ob die Diskrepanzen durch zusätzliche Informationen und Argumente der anderen Experten aufzulösen sind.

Schritt 6

In einer zweiten Delphi-Runde wird das Verfahren in neu gebildeten Kleingruppen wiederholt. Bei der Zusammenstellung der neuen Kleingruppen wird darauf geachtet, dass in jeder Gruppe Repräsentanten der Extremgruppen aus der ersten Runde vertreten sind. Dies kann in der Regel durch eine systematische Permutation der Teilnehmer erreicht werden. Eine mögliche Permutation bei einer Teilnehmerzahl von 16 ist in Abbildung 1 dargestellt.

In der zweiten Kleingruppendiskussion werden nur die strittigen und unklaren Fragen weiter diskutiert. Da in der Regel in dieser Phase die Anzahl der

Fragen bereits deutlich gekürzt ist, kann die Dauer auf ca. 30-60 Minuten ver-
kürzt werden.

Abbildung 1:   Permutation der Teilnehmer (Rechteck – 1. Aufteilung,
Kreise – 2. Aufteilung)

1	2	3	4
5	6	7	8
9	10	11	12
13	14	15	16

Schritt 7

Die Abfolge von Einzelgruppensitzungen und Plenarsitzungen wird so lange
fortgeführt, bis keine bedeutsamen Verschiebungen der Standpunkte mehr auftreten. Am Ende eines Gruppendelphis erhält man in der Regel eine wesentlich
eindeutigere Verteilung der Antwortmuster. Entweder streuen die Einschätzungen der Experten um einen Mittelwert oder es bilden sich mehrgipflige Vertei-
lungen. Im ersten Falle ist ein Konsens weitgehend erzielt, im zweiten Fall kann
man deutlich mehrere, voneinander getrennte Positionen ausmachen und im
Idealfall Konsens über den Dissens feststellen (vgl. Renn & Webler 1998). In beiden Fällen liefert das Gruppendelphi im Gegensatz zum traditionellen Delphi-
Verfahren ausführliche Begründungen für jede Position. Am Ende des Workshops verfügt man über ein von den Experten getragenes Profil vermuteter oder
geschätzter Bewertungen.

Schritt 8

Im Anschluss an den Workshop erstellt das Forscherteam ein belastbares Protokoll, welches den Teilnehmern mit der Bitte um Freigabe oder ggfs. Korrektur
zugeschickt wird. Dieses Protokoll sollte die zentralen statistischen Auswertungen, sprich die Angabe von Maßen der zentralen Tendenz und adäquate Streu-
ungsmaße sowie ausführliche Darstellungen der Begründungen der Urteile bein-
halten. Damit wird sichergestellt, dass im Ergebnis des Delphi-Prozesses die
Begründungen und Urteile der Experten adäquat erhoben und zusammengestellt
wurden. Die Validität der Befunde kann damit erhöht werden.

Varianten des Gruppendelphis

Der Ablauf des Gruppendelphis ist nicht als strikte, unverrückbare Vorgabe zu verstehen, sondern vielmehr als Orientierung. Die Dauer der einzelnen Schritte hängt unter anderem von der Länge des Fragebogens, von der Anzahl der Experten sowie von der eingeplanten Gesamtdauer des Workshops, meist ein oder zwei Tage, ab. Die Anzahl der Kleingruppendiskussionen richtet sich danach, wie schnell Konsens bzw. Konsens über Dissens festgestellt werden kann. In der Regel reichen zwei bis drei Kleingruppendiskussionen aus, um Konsens zwischen den Teilnehmern herzustellen.

Häufig zu finden sind zwei Varianten des Gruppendelphis. Die eine Variante orientiert sich an den oben genannten acht Schritten und eine andere Variante führt sozusagen einen Schritt Null durch. In diesem Fall wird der Fragebogen im Vorfeld des Workshops jedem Teilnehmer zugeschickt, mit der Bitte ihn individuell auszufüllen. Die Ergebnisse dieser Befragung fließen dann in das Gruppendelphi wie gehabt ein, d.h. Fragen mit hoher Divergenz oder Urteilsunsicherheit werden ermittelt, in einem kürzeren Fragebogen zusammengestellt und dann im Gruppendelphi gemeinsam diskutiert. Dieses Vorgehen ermöglicht den Teilnehmern eine gute Vorbereitung auf den Workshop, lässt ihnen ausreichend Zeit, sich mit den relevanten Fragestellungen inhaltlich auseinander zusetzen und zeigt auf der anderen Seite dem Forscherteam erste Einblicke in diskrepante Urteile. Der Fragebogen für den Workshop kann dementsprechend auf diese Fragen gekürzt werden. Der Nachteil dieses Vorgehens liegt darin, dass die Teilnehmer zwar schriftlich über das Verfahren des Gruppendelphis informiert werden, aber mögliche Rückfragen über die Methode oder den Fragebogen mit logistischem Aufwand verbunden sind. Das Risiko besteht ferner darin, Fragen bereits im Vorfeld des Workshops herauszunehmen, bei denen nur eine Art von Scheinkonsens vorliegt. Denn die Gefahr bei jeder schriftlichen standardisierten Befragung ist es, dass die Teilnehmer die Fragen unterschiedlich interpretieren und dementsprechend divergierende Relevanzsysteme ihren Urteilen zu Grunde legen. Dabei kann es vorkommen, dass zwar mehrere Teilnehmer die gleiche Antwort angeben, aber eben nicht auf der gleichen kognitiven Grundlage. Dies war einer der wesentlichen Gründe, warum Renn und Webler die Methode des Gruppendelphis entwickelt haben. Gerade solche Fehlinterpretationen sollen durch den gemeinsamen Workshop vermieden werden. Ein weiterer Nachteil besteht darin, dass die befragten Experten bei den Fragen, bei denen im Vorfeld keine Einigung bestand, ihre Einschätzung im Gruppendelphi gegen anders lautende Einschätzungen unbedingt verteidigen wollen, weil sie die Befürchtung haben, ihr Gesicht zu verlieren, wenn ihre individuell geäußerte Meinung unter Druck gerät. Dieser Gefahr kann man dadurch begegnen, in dem man die im Vorfeld erfassten Abschätzungen im Gruppendelphi nur anonymisiert dokumentiert, so dass eine Zuordnung von Werten zu den einzelnen Teilnehmern nicht möglich ist. Dagegen besteht der große Vorteil einer Vorabbefragung darin, dass man die Fragen aus dem Gruppendelphi ausschließen kann, die offensichtlich keine widersprüchlichen Antwortmuster hervorrufen. Man gewinnt also Zeit, möglicherweise aber auf Kosten der Genauigkeit der Präferenzabbildungen der eingeladenen Experten.

Ob im Vorfeld des Workshops der Fragebogen mit der Bitte zum Ausfüllen verschickt wird, sollte von Fall zu Fall entschieden werden. Wenn sehr wenig Zeit für den Workshop eingeplant ist, kann die Versendung eines Individualfragebogens helfen, die Diskussion stärker zu fokussieren und somit Zeit einzusparen.

In der weiteren Darstellung soll nun nicht das gesamte Gruppendelphi im Detail behandelt werden, sondern schwerpunktmäßig der Fragebogen, der das zentrale Instrument dieses Verfahrens ist und maßgeblich über die Validität der Befunde Auskunft gibt. Dabei indizieren einige bereits genannte statistische Schlagwörter des Delphiverfahrens die grundlegende Marschrichtung: Mittelwert und Varianz. Beide Begriffe verdeutlichen zunächst auf einer sehr allgemeinen Ebene, dass es sich um eine Form der quantitativen Befragung handelt, bei der ein metrisches oder quasi-metrisches Messniveau, die Voraussetzung für die Berechnung von Varianzen, gegeben sein muss.

Zunächst werden allgemeine Anforderungen an einen Gruppendelphi-Fragebogen diskutiert und anschließend Praxisbeispiele, die Projekte *WASKlim*, *OSIRS*, *Adipositas*, *NEEDS* und die *Identifizierung und Messung von sozialen Indikatoren zur Nachhaltigkeit von ausgewählten Stromerzeugungssystemen in der Schweiz* diskutiert. Alle angesprochenen Aspekte beruhen auf praktischen Erfahrungen und wurden bisher keiner systematischen Validitätsprüfung unterzogen.

3 Methodik des Delphis: Die Fragebogenkonstruktion
(Schulz, Marlen; Renn, Ortwin)

Bei der Planung und dem Entwurf eines Fragebogens für ein Gruppendelphi sind einige Besonderheiten zu beachten. Diese Besonderheiten rühren aus der spezifischen Situation eines Gruppendelphis. Dazu gehören folgende Aspekte:

1. In Anlehnung an die ursprüngliche Form des Delphis werden im Gruppendelphi in der Regel quantitative Fragebögen eingesetzt. Diese ermöglichen Durchschnitte und Varianzen mathematisch zu bestimmen. Um diese berechnen zu können, müssen allerdings die messtheoretischen Bedingungen, mithin metrische Skalierungen, berücksichtigt werden.
2. Zentrales Element vieler empirischer Studien ist die Anonymität der Befragten. Damit soll gewährleistet werden, dass die Befragten offen und ehrlich antworten. Anonymität kann im Gruppendelphi nicht zugesichert werden. Wie auch bei anderen diskursiven Verfahren treten die Teilnehmer direkt in Kontakt und erörtern gemeinsam den entsprechenden Sachverhalt. Allenfalls, wenn der Fragebogen vorab postalisch an die Teilnehmer verschickt und einzeln ausgefüllt wird, kann Anonymität im Vorfeld zugesichert werden.
3. Bei einem Delphi werden in der Regel Experten zu einem relevanten Gebiet eingeladen. Diese spezifische Zielgruppe erlaubt die Verwendung von Fachtermini. Dieser Aspekt ist insofern zentral, da in vielen Methodenbüchern der empirischen Sozialforschung genau dies abgelehnt wird.
4. Ziel des Delphis ist es, in einem iterativen Prozess Konsens bzw. Konsens über Dissens in den Expertenurteilen herzustellen. Da die Auswertungen innerhalb eines Gruppendelphis auf die Pausen der Teilnehmer gelegt werden, ist der Zeitplan sehr eng. Qualitative Auswertungsstrategien erscheinen deshalb eher ungeeignet. Außerdem bedingt die höhere Subjektivität qualitativer Auswertungsstrategien Reliabilitätsprobleme (vgl. Lamnek 1995), die eventuell die Plenumsdiskussion beeinflussen und damit vom eigentlichen Thema ablenken können.
5. Für die Auswertung der Fragebögen bleibt während des Workshops wenig Zeit. Dementsprechend müssen sowohl der Umfang des Fragebogens wie auch die Frage- bzw. Antwortformulierung den gegebenen zeitlichen Möglichkeiten angepasst werden.

Die genannten methodischen Besonderheiten, fehlende Anonymität, iterativer Prozess, Dissens- bzw. Konsensfindung und die damit verbundene Berechnung von Varianzen und Durchschnitten, müssen in der Fragebogenkonstruktion eines Gruppendelphis ausreichend berücksichtigt werden.

Daneben gilt es auch, die geplanten Inhalte des Verfahrens adäquat umzusetzen. Denn wie bei jeder empirischen Untersuchung müssen Planung und Konstruktion des Fragebogens der inhaltlichen Schwerpunktsetzung der Studie angemessen sein. Da Gruppendelphis in der Regel im politischen Umfeld, beispielsweise zur Eruierung bestimmter Maßnahmen, zur Zukunftsforschung, zur Entwicklung geeigneter Handlungsstrategien, zur Analyse von Akzeptanzstrategien oder zur Revidierung bestimmter politischer Rahmenbedingungen eingesetzt werden, ist damit auch der grundlegende inhaltliche Bezug klargestellt. Für dieses Umfeld werden im Folgenden einige Vorschläge für einen adäquaten und angemessenen Fragebogen diskutiert und vorgestellt. Die in Methodenbüchern häufig problematischen Aspekte der theoretischen Einbettung der verwendeten Konstrukte und Skalen spielen dabei nur eine untergeordnete Rolle. Ziel eines Gruppendelphis ist in der Regel weder Hypothesengenerierung, noch ihre Überprüfung. Dementsprechend werden Problematiken der adäquaten Operationalisierung hier nicht weiter verfolgt. Stattdessen werden die semantischen, messtheoretischen und grafischen Aspekte in den Vordergrund gestellt.

3.1 Struktur des Fragebogens

Die Struktur eines Fragebogens sollte für die Teilnehmer generell übersichtlich und nachvollziehbar sein. Deshalb gilt es, in der Einleitung zunächst die Teilnehmer kurz über den Inhalt und den Umfang des Fragebogens sowie über ihre Rolle innerhalb des Gruppendelphis zu informieren. Einen Lückentext, der als Vorlage verwendet werden kann findet sich in Abbildung 2.

Aus Gründen der Übersichtlichkeit sollten die Fragen zu Themenkomplexen gebündelt werden. Themenkomplexe strukturieren den Fragebogen und erhöhen somit die Übersichtlichkeit. Dabei sind Überleitungssätze zwischen den einzelnen Blöcken denkbar, aber nicht zwangsläufig notwendig, da der Fragebogen vorab vom Forscherteam erläutert wird und das Team vor Ort ist und somit jederzeit bei Fragen bzw. Problemen unterstützend zur Seite stehen kann.

Abbildung 2:   Einleitungstext Fragebogen

Hinweise zum Ausfüllen des Fragebogens

Sehr geehrte Damen und Herren,

vielen Dank für Ihre Bereitschaft, unsere Projektarbeit mit Ihrer Expertise zu unterstützen. Im Rahmen des Projektes „...", erheben wir mittels eines Delphi-Verfahrens Expertenurteile zur ... . Die Ergebnisse sollen sowohl auf der politischen als auch auf der wirtschaftlichen Ebene Orientierungs- und Entscheidungshilfe bieten und damit die Koordinierung neuer Aktivitäten erleichtern.

Der Fragebogen wurde in ... Teilbereiche untergliedert. Diese Teilbereiche beschäftigten sich .... Zu diesen Themenbereichen werden Ihnen insgesamt ... Fragen gestellt. Bitte beantworten Sie diese Fragen für den jeweiligen Bereich. Weiterhin möchten wir Sie bei einigen Fragen um die Selbstbewertung ihrer Urteilssicherheit bei der Beantwortung der Fragen bitten. Insbesondere die Fragen, bei denen eine hohe Urteilsunsicherheit bzw. eine Divergenz der Urteile vorherrscht, möchten wir gerne mit Ihnen im Plenum diskutieren.

Bei der Länge des Fragebogens sollte grundsätzlich beachtet werden, dass die Anzahl der Fragen angemessen und praktikabel ist. Außerdem sollte der Auswertungsaufwand nicht zu hoch bzw. schnell und nachvollziehbar durchzuführen sein. Denn nach jeder Gruppendiskussion ist es Aufgabe des Forscherteams, die verschiedenen Bögen auf Varianzen hin auszuwerten. In dieser Zeit sind die Teilnehmer häufig in der Mittags- oder Kaffeepause. Deshalb sollten Pausenzeiten und Auswertungsaufwand aufeinander abgestimmt werden. Als Auswertungssoftware bietet sich je nach Design SPSS oder Excel an.

Bei der Konstruktion eines Fragebogens für ein Gruppendelphi sollte, wie bei jeder Befragung, insbesondere auf die erste Frage, die so genannte Eisbrecherfrage, geachtet werden. Sie kann wesentlich zum Erfolg des Delphis beitragen. Sie ist für die Teilnehmer ein erster Indikator für die Qualität der inhaltlichen Diskussion.

In der Methodendiskussion der empirischen Sozialforschung werden verschiedene Fragebogeneffekte diskutiert – Ausstrahlungseffekte, verzerrende Effekte oder Platzierungseffekte (z.B. Schnell et al. 1999: 320f). Die Relevanz dieser Fragebogeneffekte wird allerdings durch die spezifische Workshopsituation des Gruppendelphis abgemildert. So ist der Ausstrahlungs- oder auch Halloeffekt genannt, in einem Gruppendelphi wenig relevant. Dieser Effekt besagt, dass jede Frage einen kognitiven Frame für die jeweils folgende Frage bilden kann. Da besonders schwierige bzw. kontroverse Fragen im Plenum bzw. in den Kleingruppen später diskutiert werden, verliert sich im Verlauf des Gruppendelphis die Reihenfolge und damit auch die Relevanz eventueller Ausstrahlungs- oder Platzierungseffekte. Wenn eine Form methodischer Effekte bei einem Gruppendelphi zu beobachten ist, dann in der Regel eher in Form von Gruppeneffekten. Diese können sich beispielsweise durch unterschiedlich intensive Beteiligung an der Diskussion oder im divergierenden Umgang mit konträren Meinungen äußern. Hier kommen klassische Prozesse der Gruppendynamik und individuelle Persönlichkeitsmerkmale zum Tragen.

Fragen zur Person der Experten sind bei einem Gruppendelphi meist irrelevant. Bei standardisierten quantitativen Befragungen werden soziodemografische Daten am Ende des Fragebogens für repräsentative Analysen oder für die Betrachtung des Rücklaufs und eventuell notwendiger Gewichtungen erhoben. Da es in einem Gruppendelphi weder um repräsentative Aussagen, noch um soziodemografische Bestimmungsmerkmale der Befragten geht, können solche Fragen weggelassen werden.

3.2 Layout des Fragebogens

Unstrittig ist, dass auch die grafische Präsentation eines Fragebogens ansprechend und übersichtlich zu gestalten ist. Auf diese ästhetische Dimension der Fragebogenkonstruktion soll nicht ausführlich eingegangen werden (Vorschläge hierzu in Schnell et al. 1999: 323f). Allerdings erscheinen zwei Aspekte im Zusammenhang eines Gruppendelphis so relevant, dass sie gesondert hervorzuheben sind:

1. Die Antworten der Gruppen können während des Workshops, wie im Ablaufplan vorgeschlagen, entweder durch eine statistische Auswertung mit SPSS bzw. Excel oder durch das Eintragen der Antworten in einen digitalen Fragebogen erfolgen. Die zweite Variante ermöglicht auch ohne statistische Vorkenntnisse den Teilnehmern die Verteilung der Antworten übersichtlich und klar zu präsentieren. Wird diese Variante gewählt, ist es dringend erforderlich den Fragebogen entsprechend grafisch so aufzuarbeiten, dass er auch bei der Verwendung eines Beamers deutlich zu erkennen ist. Das heißt, dieser Umstand ist bei der Auswahl von Farben sowie Schriftart und -größe entsprechend zu berücksichtigen.

2. Da der Fragebogen im Verlauf des Delphi-Workshops durch Aufdeckung von Konsens gekürzt werden kann, ist das Layout so zu gestalten, dass relativ einfach einzelne Fragen gelöscht bzw. gestrichen werden können. Dabei sollte die

Struktur des Fragebogens nicht zerstört werden und neue aufwendige Formatierungen erforderlich machen. Wichtig ist die Bewahrung der Übersichtlichkeit.

3.3 Strukturtypus von Fragen

In der Methodenliteratur werden im Grunde drei Strukturtypen von Fragen, offene, halboffene und geschlossene Fragen, diskutiert (vgl. Schnell et al. 1999: 308ff). Doch welche erscheinen für ein Gruppendelphi adäquat?

Traditionelle Delphi-Befragungen beruhen in der Regel auf geschlossenen Fragen. Zumeist sind es vollstandardisierte Befragungen, bei denen sämtliche Fragen und Antwortmöglichkeiten explizit ausformuliert sind. Diese Tradition wurde für das Gruppendelphi übernommen. Einer der wichtigsten Gründe dafür ist sicherlich die vergleichsweise zügige Auswertungsmöglichkeit.

Dennoch, so hier das Argument, können in einem Gruppendelphi durchaus offene Fragen verwendet werden. Dafür spricht vor allem ein Grund: Denkbar ist das Szenario, dass Gruppendelphis nicht nur zur Ermittlung von Dissens und Konsens zu einem bestimmten Thema durchgeführt werden, sondern ebenso helfen sollen, durch das Wissen der Experten eventuelle Wissenslücken der beteiligten Forscher oder Politiker explorativ zu füllen. Dies zielt vor allem auf die Kategorisierung des Wissens in die oben aufgeführten fünf Kategorien (absurd, möglich, wahrscheinlich, sicher und unentscheidbar) ab. Denn nicht immer kann a priori davon ausgegangen werden, dass zu einem spezifischen politischen Thema alle relevanten Aspekte den Veranstaltern, Auftraggebern bzw. Forschern des Gruppendelphis bekannt sind. Liegen nur wenige entsprechende Veröffentlichungen vor, können Wissenslücken auftauchen, die ohne die Teilnehmer des Delphis nicht ohne weiteres aufgelöst werden können. Deshalb können durchaus offene Fragen verwendet werden.

Allerdings sollten offene Fragen nur marginal eingesetzt werden. Im Grunde verhält es sich ähnlich wie mit dem klassischen Postscriptum, welches bei qualitativen Interviews am Ende der Befragung, häufig zur Ermittlung soziodemografischer Variablen eingesetzt wird (vgl. Witzel 1982). Wir empfehlen die Verwendung weniger zentraler offener Fragen am Ende des Fragebogens, sozusagen als Postskriptum für eventuell vernachlässigte oder bisher unbekannte Aspekte. Außerdem ist es ratsam, bei den Einzelfragen dort, wo es sinnvoll erscheint, die Kategorie „Sonstige" oder „noch nicht berücksichtigte Aspekte" mit einzubauen. Dadurch kann sichergestellt werden, dass die einzelnen Optionen zur Beantwortung der Fragen ausgeweitet werden können. Auch hier gilt die Regel, dass offene Antwortkategorien dort eingesetzt werden sollen, wo man von einer nicht geschlossenen Liste von Optionen zu einer Frage ausgehen kann. Werden aber zu viele offene Fragen oder Antwortkategorien verwendet, besteht die Gefahr, dass diese in den vorgesehenen Pausen nicht mehr ausgewertet werden können und damit zwar dem Forscher weitere Erkenntnisse liefern, aber für die Methode des Gruppendelphis nicht mehr verwendet werden können. Außerdem beruhen offene Fragen auf einem nominalen Messniveau, damit sind weitergehende elaborierte Berechnungen nicht mehr möglich.

Von der Verwendung expliziter Hybridfragen, sprich halboffener Fragen, raten wir ab, es sei denn, dass die Experten weitere Optionen zu einer Liste von vorgegebenen Optionen hinzufügen können. Kommen Experten an einen Tisch, ist erfahrungsgemäß damit zu rechnen, dass jeder Experte neue Aspekte in die Diskussion einbringt und offene Kategorien provozieren die Haltung zur weiteren Differenzierung, die oft den Erkenntnisstand nicht weiterbringt sondern eher vernebelt. Außerdem besteht die Gefahr der potentiellen Unendlichkeit weiterer Ergänzungen. Wenn dies geschieht, können diese im Rahmen des Gruppendelphis nicht mehr ausreichend berücksichtigt werden. Außerdem kann die Vielfalt möglicher Ergänzungen durch die Experten kontraproduktiv sein, vor allem wenn die Relevanzen für spezifische politische Szenarien zur Diskussion stehen und nur genau diese diskutiert werden sollen. Einzelne, besonders relevante Ergänzungen werden die Befragten nach unserer Erfahrung selbstständig in der Gruppe oder im Plenum ergänzen. Damit erscheint die Verwendung expliziter Hybridfragen bis auf die schon erwähnte Möglichkeit der freien Optionenergänzung nicht notwendig.

Abbildung 3:   Struktur eines Fragebogens

- Deckblatt
- Einleitungstext
- Themenblöcke (geschlossene Frage)
- Postskriptum (offene Fragen)

Im Folgenden stellen wir einige Beispiele für mögliche Frage- und später auch Antwortformulierungen vor. Die Beispiele verstehen sich als eine Art Template, das je nach inhaltlicher Zielsetzung entsprechend angepasst und ergänzt werden muss.

3.4 Frageformulierung

Für die konkrete Frageformulierung erarbeiten verschiedene Grundlagenbücher empirischer Sozialforschung eine Reihe wichtiger Vorschläge (vgl. Mayer 2006: 89; Kromrey 1995: 277f; Schnell et al. 1999: 312f; Diekmann 1999: 410ff). Deshalb sollen an dieser Stelle nur die zentralen Aspekte herausgegriffen werden. Dazu gehören z.b.:

- Verwendung einfacher Worte
- Kurze und konkrete Formulierung der Fragen
- Vermeiden von Suggestivfragen und Unterstellungen
- Verzicht auf wertende Wörter
- Keine Verwendung von hypothetischen Fragen
- Vermeiden von doppelten Verneinungen
- Vermeidung einer Überforderung der Teilnehmer durch die Abfrage von objektivem Wissen

In vielen Methodenbüchern werden die Forscher vor so genannten schwierigen Fragen gewarnt. Dies sind Fragen, bei denen sich die Befragten scheuen, Auskunft zu geben. Verschiedene Verfahren zur Erhöhung der Antwortquote werden meist mitgeliefert. So schlägt Kromrey (1995: 281f) neben geeigneten Formulierungen, die Präsentation der Frage als Selbstverständlichkeit vor. Da aber Gruppendelphis in der Regel im wissenschaftlichen und politischen Kontext durchgeführt werden und zur Ermittlung sehr persönlicher und evtl. individuell heikler Themen eher ungeeignet erscheinen, trifft die Problematik thematisch schwieriger Fragen nur marginal auf ein Gruppendelphi zu. Zudem spiegelt der ausgewählte Themenbereich häufig den beruflichen Alltag der Experten wider. Sollten doch welche verwendet werden, dann empfehlen wir Kromreys Vorschlag zu folgen (vgl. Abbildung 4).

Abbildung 4: Beispiel schwierige Frage

Überall zu lesen ist, dass ... sind. Inwieweit stimmen Sie dieser Aussage zu?

3.5 Fragetypen

Wir haben bereits erläutert, dass wir in erster Linie geschlossene Fragen und bei Bedarf vereinzelte offene Fragestellungen empfehlen. Neben den methodischen Anforderungen spielen die inhaltlichen Themen eine große Rolle. Diese können einen entscheidenden Einfluss auf die Frage- und insbesondere auf die Antwortformulierung ausüben. So ist es beispielsweise bei einigen Sachverhalten einfacher quantitative Formulierungen zu finden als bei anderen. Die Schwierigkeit kann variieren in Abhängigkeit des jeweiligen Kenntnisstandes zum besagten Thema. Doch sehen wir eine Reihe von themenunabhängigen Möglichkeiten, wie in einem Gruppendelphi Fragen so formuliert werden können, dass sie das semantische Antwortfeld in eine mathematische interpretierbare Ordnung bringen (Quasi-quantitative Anordnung) und damit letztendlich eine zügige Auswertung gestatten.

Häufig werden in einschlägigen Büchern über Methoden der empirischen Sozialforschung zwei Verfahren zur Messung von Werten bzw. Einstellungen differenziert: Ranking- und Ratingverfahren. Diese beiden Verfahren präsentieren unseres Erachtens die relevanten Techniken zur Frageformulierung für ein Gruppendelphi. Sie werden im Folgenden diskutiert.

Rankingskalen

Rankingskalen fordern eine Reihung von Items. Die Befragten werden hierbei gebeten eine Rangordnung zwischen verschiedenen Antwortalternativen zu erstellen. Der Vorteil von Rankingskalen ist die relative Einschätzung eines Items zu anderen. Damit können gerade im Hinblick auf die übliche Zielsetzung eines Gruppendelphis Prioritäten gemessen werden. Auf der anderen Seite erfordern Rankingverfahren, dass die Alternativen mitbedacht werden müssen und somit steigen die kognitiven Anforderungen für den Befragten. Aus diesem Grund empfehlen wir nicht ausschließlich Rankingverfahren im Gruppendelphi einzusetzen, sondern zusätzlich auf Ratingskalen zurückzugreifen.

Ratingskalen

Mithilfe von Ratingskalen werden in der empirischen Sozialforschung zumeist die Zufriedenheit oder die Wichtigkeit, von „sehr wichtig" bis „gar nicht wichtig" abgefragt. Ratingskalen geben markierte Abschnitte eines Merkmalkontinuums vor, die der Untersuchungsteilnehmer bewerten soll (vgl. Bortz & Döring 2006: 176ff). Bortz und Döring schlagen drei Varianten zur Darstellung der Ausprägungen vor: grafisch, numerisch oder verbal. Bei einem Delphi-Verfahren geht es in der Regel darum metrische Skalierungen zu verwenden, die eine Rangfolge zwischen den einzelnen Ausprägungen erlauben, wobei die Abstände gleich groß sind. Bei verbalen Darstellungen kann die Äquidistanz der Antworten nicht exakt angegeben werden und grafische Darstellungen werden bisher sehr selten angewendet. Deshalb werden in der Regel, so auch unsere Empfehlung für ein Gruppendelphi, numerische Formulierungen gewählt. Die Anzahl der Ausprägungen bestimmt dabei das exakte Messniveau. Dies kommt ebenfalls dem beruflichen Alltag der meisten Experten entgegen, die häufig aus professionellen Zusammenhängen kommen, in denen quantitative Skalen verwandt werden. Zudem erlaubt eine Skalierung etwa von 0-10 eine Klassifizierung nach den Wissenskategorien, wie im Kapitel „Das Gruppendelphi: Konzept und Vorgehensweise (Schulz, Marlen; Renn, Ortwin)" dargestellt.

Bei der Erstellung quantitativer Fragebögen steht immer wieder die Diskussion um die Anzahl der Ausprägungen einer Ratingskalierung an. Messtheoretisch erfüllen rangskalierte Merkmale zwar nicht die für das metrische Skalenniveau notwendige Voraussetzung der Äquidistanz der einzelnen Messpunkte. Verschiedene Untersuchungen haben aber gezeigt, dass die Analyse solcher Variablen auch mit Verfahren, die ein metrisches Messniveau erfordern (wie etwa die Varianzanalyse), nicht zu nennenswerten Verzerrungen der Analyseergebnisse führt (vgl. dazu Allerbeck 1978 & Labovitz 1970; siehe auch Diehl & Kohr 1987: 374). „Genau genommen liefern Ratingskalen lediglich ordinale Daten. Bei einer genügend großen Anzahl von Ausprägungen, kann doch angenommen werden, dass die Abstände auf der Skala von den Befragten als gleiche Intervalle aufgefasst werden" (Mayer 2006: 82). Wir empfehlen auf Grundlage dieser Annahmen und eigener praktischer Erfahrungen deshalb die klassische fünfstufige Ratingskalierung auf zehn Items auszuweiten. Damit kann das ursprünglich ordinale Messniveau auf metrisches Niveau angehoben werden und dementsprechend Varianzen berechnet werden. Denn streng genommen sind nur auf diesem Niveau elaborierte Berechnungen durchführbar. Dies deckt sich auch mit den Erfahrungen der quantitativen Entscheidungsanalyse (MAU oder MCR Verfahren), bei der für vergleichende Nutzenbewertungen von Alternativen meist eine 10er Skala eingesetzt wird (Winterfeldt & Edwards 1984). Eine noch feinere Differenzierung halten wir für weniger sinnvoll. Allenfalls wenn die Frage eine Prozentuierung nahelegt, kann auf die Skala von 1-100 zurückgegriffen werden.

Um Routineverhalten bzw. Response Sets bei solchen Frageformulierungen zu vermeiden, empfehlen Methodenbücher einen Wechsel der Beurteilungsrichtung (vgl. Schnell et al. 1999). Da im Gruppendelphi die Fragen gemeinsam diskutiert werden, glauben wir nicht an das Einsetzen einer Routinehandlung und halten einen Wechsel der Bewertungsrichtung für wenig relevant.

Kontrovers kann die Notwendigkeit einer Mittelkategorie, sprich die Frage, ob die Anzahl der Items gerade oder ungerade sein sollte, gewertet werden. Wenn keine Mittelkategorie da ist, ist der Befragte quasi zur Abgabe eines Urteils genötigt, wird eine angegeben, kann diese als Fluchtkategorie zu voreilig von den Befragten gewählt werden oder sie wird gewählt, wenn sie sich bei der Beantwortung sehr unsicher fühlen. Bortz und Döring (2006: 180) sprechen ein weiteres Problem in diesem Zusammenhang an: Mit Ambivalenz-Indifferenz meinen sie, dass bei der Wahl der mittleren Antwortkategorie nicht klar ist, ob die Teilnehmer keine dezidierte Meinung vertreten, oder ob ihre Meinung bezüglich dieses Merkmals ambivalent ist.

Für ein Gruppendelphi erscheint eine solche Mittelkategorie weder geeignet noch notwendig. Da auch die Sicherheit der Teilnehmer (vgl. nächstes Kapitel) bei der Beantwortung gemessen werden kann, ist eine Mittelkategorie nicht notwendig. Auch im Hinblick auf die inhaltliche Zielsetzung eines Gruppendelphis erscheint dies nicht sinnvoll. Politische Entscheidungsträger wollen wissen, wie ihre nächsten Handlungen aussehen können. Eine Mittelkategorie kann dies nicht gewährleisten. Deshalb empfehlen wir die Verwendung einer geraden Anzahl von Ausprägungen.

Der Vorteil der Ratingskalen liegt in dem vergleichsweise geringen kognitiven und zeitlichen Aufwand für Teilnehmer und Forscherteam. Allerdings kann bei einer Vielzahl hintereinander gestellter Ratingskalen ein Response Set einsetzten, d.h. die Befragten kreuzen immer wieder die gleiche Antwort an. Ein Problem, welches vor allem bei einem Versand des Fragebogens im Vorfeld des Workshops zum Tragen kommen würde.

Tabelle 1:   Überblick Rating- und Rankingskala (vgl. Klein & Arzheimer 1999)

		Vorteile	Nachteile
Ratingskala		Geringe kognitive Anforderungen für Teilnehmer	Anfällig für Response Sets, bspw. in Form einer Zustimmungstendenz
		Geringer Zeitaufwand beim Ausfüllen und Analysieren	Gefahr der Nicht-Differenzierung, d.h. alle Variablen werden gleich bewertet
		Absolute Interpretation möglich	Problem der Validität der Daten
Rankingskala		Alternativen bestimmbar	Höherer Anspruch in der Entwicklung
		Mindestmaß an kognitivem Aufwand notwendig	Schnelle Überforderung der Teilnehmer
		Prioritätensetzung möglich	Aufwendige statistische Auswertung, da ipsative Messung, d.h. Messwerte bedingen sich gegenseitig

Im Folgenden werden einige konkrete Beispiele für Fragen eines Gruppendelphis vorgestellt.

3.5.1 Beispiele Rankingfragen

Für ein Gruppendelphi schlagen wir folgende Arten der Rankingformulierung vor.

Beispiel 1
Die Befragten werden gebeten Schulnoten zu vergeben. Dieses System hat den Vorteil der Alltagsnähe, es ist den Befragten bekannt und erleichtert somit vielleicht die Antwortabgabe.

Abbildung 5:   Beispiel Rankingfrage über Schulnoten

Wie hoch schätzen Sie den Handlungsbedarf für ... in den verschiedenen Bereichen ein? Bitte bringen Sie die Antworten in eine Rangfolge. Bitte vergeben sie Schulnoten, eine 1 für die erste Priorität und eine 6 für die letzte Priorität.	
	Schulnote
Antwort a	
Antwort b	
Antwort c	
Antwort d	
Antwort e	
Antwort f	

Beispiel 2

Eine andere Möglichkeit ist die Vergabe festgesetzter Summen, beispielsweise in Form von Budgets. Da Gruppendelphis vor allem im politischen Umfeld eingesetzt werden, bietet es sich an, die Befragten zu bitten, ein bestimmtes fiktives Budget, von z.b. 10 Mio Euro, auf verschiedene Kategorien zu verteilen.

Abbildung 6:   Beispiel Rankingfrage über fiktives Budget

Stellen Sie sich vor, die Bundesregierung stellt Ihnen 10 Millionen Euro für ... zur Verfügung. Ihre Aufgabe ist es, dieses Geld auf die folgenden Ziele zu verteilen.

Bitte tragen Sie jeweils die Summe ein, die Sie aus dem Budget von 10 Millionen jedem der unten genannten Ziele zuordnen wollen. Es zählt hier nur Ihre Meinung unabhängig davon, ob sie Ihre Vorschläge politisch durchsetzen können oder nicht.

Antwort a	
Antwort b	
Antwort c	
Antwort d	
	Summe ... Euro

Beispiel 3

In gleicher Logik können auch Punkte vorgegeben werden, die dann entsprechend zugeordnet und verteilt werden. Allerdings ist der hohe Abstraktionsgrad sicherlich wenig eingängig und deshalb eine alltagsnähere Formulierung, wie Budgetfragen, vorzuziehen.

Abbildung 7:   Beispiel Rankingfrage Vergabe von Punkten

Stellen Sie sich vor, ...
Sie können bei der Bewertung 10 Punkte geben. Bitte verteilen sie die Punkte auf die verschiedenen Alternativen.

Antwort a	
Antwort b	
Antwort c	
Antwort d	
	Summe 10 Punkte

Auch für Ratingskalen sehen wir verschiedene Möglichkeiten der Abfrage:

Beispiel 1
Wie bereits oben formuliert, empfehlen wir bei Ratingskalen eine gerade Anzahl von Items. Um metrisches Messniveau unterstellen zu können, sollten idealerweise zehn Abstufungen formuliert werden.

Abbildung 8:   Beispiel Ratingfragen 10er Skalierung

Zu welchen Fragestellungen und Maßnahmenoptionen sollten sich ... untereinander verständigen? Bitte tragen Sie einen Wert ein. Geben Sie 10 an, wenn hoher Abstimmungsbedarf besteht und 1, wenn kein Bedarf besteht.

	Kein Abstimmungsbedarf	2	3	4	5	6	7	8	9	Hoher Abstimmungsbedarf
Antwort a										
Antwort b										

Beispiel 2
Die Abfrage von Prognosen kann über Zeitintervalle erfolgen. Diese können methodisch gesehen auf jedem Messniveau abgefragt werden. Wenn Intervalle verwendet werden, dann möglichst ohne offene Kategorien. Außerdem sollten die Intervalle gleich groß sein. Nur die Verwendung gleicher Intervalle, ohne offene Kategorien, bei mehr als fünf Ausprägungen gewährleistet metrisches Messniveau. Ansonsten liegt ordinales Niveau vor und arithmetische Mittel können messtheoretisch argumentiert nur unter Vorbehalt berechnet werden.

Abbildung 9:   Beispiel Ratingfragen Abfrage Zeitintervalle

Welcher Zeithorizont ist für ... sinnvoll? Bitte kreuzen Sie an.

	2 Jahre	4	6	8	10	12	14	16	18	20 Jahre
Sinnvoller Zeithorizont										

Häder (2002) formuliert einige kritische Anmerkung über die Abfrage von Zeit-punkten bei klassischen Delphi-Befragungen. Diese Anmerkungen sind insofern relevant, weil sie den Fokus auf die kognitiven Anforderungen zur Beantwortung setzen. Bei der Abfrage von Zeitpunkten, schlägt er die Vorgabe von Antwort-möglichkeiten vor, „damit kann eine kognitive Überforderung der Teilnehmer verhindert werden" (Häder 2002: 129). Allerdings kann eine mögliche kognitive Überforderung durch Sicherheitsfragen gemessen werden, weshalb im Gruppen-delphi dieser Aspekt an Bedeutung verliert. Man kann diesen Zeithorizont auch durch offene Formulierungen, wie im nächsten Abschnitt dargestellt, angehen.

Abbildung 10: Beispiel Ratingfragen Abfrage Zeithorizont

Welcher Zeithorizont ist für ... sinnvoll? Bitte kreuzen Sie an.	
1.	0-9 Jahre
2.	10-19 Jahre
3.	20-29 Jahre
4.	30-39 Jahre
5.	40-49 Jahre

Beispiel 3

Die Abfrage von Wahrscheinlichkeitsaussagen kann ebenfalls über eine Rating-skala, diesmal von 0 bis 10 abgefragt werden. Dabei bedeutet die 0 ausgeschlos-sen bzw. unmöglich (absurd), die 1-9 spiegeln unterschiedliche Grade der Wahr-scheinlichkeit wider, und 10 bedeutet sicher.

Abbildung 11: Beispiel Wahrscheinlichkeitsmessung

Für wie wahrscheinlich halten Sie es, dass x als Folge von y eintreffen wird?										
	ausgeschlossen	1	2	3	4	5	6	7	8	9 sicher
Sinnvoller Zeithorizont										

3.5.3 Beispiel offene Fragen

Generell sind offene Fragen nach Häufigkeiten im Gruppendelphi sinnvoll, da diese numerisch sind.

Beispiel 1

Schätzfragen, die prozentual skaliert sind, stellen eine adäquate Möglichkeit für eine quantitative Frage im Gruppendelphi dar. Einzelne Alternativen können durch die Angabe eines entsprechenden Prozentwertes bewertet werden, eine Relation zu den anderen Alternativen ist dabei nicht vorgesehen.

Abbildung 12:   Beispiel offene Frage Prozentuale Abfrage

Wie hoch schätzen Sie das Vertrauen ein, dass ... typischerweise in ... haben? Bitte tragen Sie für jede Antwort einen Prozentwert ein. Hierbei stehen 100% für ein absolutes Vertrauen in das .., 0% für ein absolutes Misstrauen. Mit den Werten dazwischen können Sie differenzieren.
 	
    -   **Alternative a** _____%
    -   **Alternative b** _____%

Häder (2002: 130) schreibt, dass hierbei eine klassische ordinale Skalierung geeigneter ist, wenn die exakte Schätzung die Experten überfordern würde. Diese Sichtweise wird hier nicht geteilt. Eventuelle Überforderungen werden später in der Sicherheitsfrage deutlich und können gemeinsam im Plenum diskutiert werden.

Beispiel 2

In ähnlicher Weise wie die Schätzfragen, können offene Formulierungen nach Häufigkeiten eingesetzt werden. Auch diese Methode ermöglicht die spätere Berechnung statistischer Kennzahlen, die metrisches Messniveau erfordern.

Abbildung 13:   Beispiel offene Frage nach Häufigkeiten

Wie häufig ....? Bitte geben Sie die genaue Anzahl an. _____

Beispiel 3

Wie oben formuliert, können in einem Gruppendelphi offene Fragen bei eventuellen Wissenslücken verwendet werden. Wir empfehlen diese am Ende des Fragebogens sozusagen als Fazit zu formulieren.

Abbildung 14:   Beispiel offene Frage Postscriptum

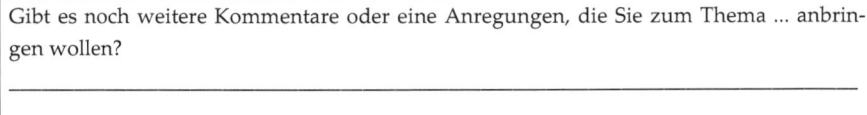

Gibt es noch weitere Kommentare oder eine Anregungen, die Sie zum Thema ... anbringen wollen?

3.6 Ausweichkategorien

In standardisierten Befragungen sind die so genannten Ausweichkategorien ein zentrales Instrument, sowohl für die inhaltliche als auch für die methodische Aus- und Bewertung des Fragebogens. Ausweichkategorien meinen hier einen Oberbegriff für Antworten, die nicht inhaltlich auswertbar sind. Dazu gehören in der Regel Angaben der Kategorien: „Weiß nicht", „Trifft nicht zu" oder „Keine Angabe".

Bei standardisierten postalischen Befragungen werden in der Regel explizite „Weiß nicht" Kategorien angegeben. Damit soll verhindert werden, dass sich die Befragten zu einer inhaltlichen Abgabe genötigt sehen. Denn post hoc wäre nicht mehr festzustellen, wie die Befragten zu ihren Urteilen kamen und wie sicher diese sind. Diese Tatsache begründet die methodische und inhaltliche Relevanz von Ausweichkategorien. Für die statistische Auswertung werden solche Antworten in der Regel auf so genannten Missing values gesetzt und allenfalls für die methodische Überprüfung der Qualität der Frage- bzw. Antwortformulierung, eingesetzt. Die methodische Funktion solcher Ausweichkategorien bestehen darin,

- die Befragten bei Unsicherheit oder Unwissenheit nicht zur Abgabe einer inhaltlichen Antwort zu nötigen,
- anhand der Häufigkeit der Angabe einer Ausweichkategorie die Angemessenheit und Relevanz der Frage kritisch zu reflektieren
- a priori zwischen Unwissenheit (Weiß nicht) und der Verweigerung der Angabe (Keine Angabe) zu differenzieren.

Wie können in einem Gruppendelphi die so genannten Missing values integriert werden?

Im Gruppendelphi erscheint eine explizite Antwortvorgabe „Weiß nicht" oder „Keine Angabe" nicht sinnvoll, obwohl auf den ersten Blick gerade beim Gruppendelphi die Unsicherheit bei der Beantwortung bestimmter Fragen eine besondere Rolle spielen müsste. Gegen eine Aufnahme von Ausweichkategorien sprechen drei Gründe: Erstens können Gruppen ein Mehrheits- und Minderheitsvotum bei Uneinigkeit abgeben, zweitens werden kritische Fragen im Plenum aufgegriffen und reflektiert und drittens sind in einem Delphi Fragen zur selbst eingeschätzten Urteilssicherheit enthalten, die als funktionales Äquivalent zu diesen Ausweichkategorien eingesetzt und im folgenden Abschnitt näher erläutert werden.

3.7 Fragen zur Urteilssicherheit

Fragen zur Urteilssicherheit hängen unmittelbar mit dem Ziel der numerischen, am besten metrischen Erfassungen, komplexer Sachverhalte bei einem Gruppendelphi zusammen. Dies kann mit folgender Logik erläutert werden: Theoretisch kann die Relevanz einer interessierenden Maßnahme dichotom abgefragt werden, d.h. mit ja oder nein. Dennoch empfehlen wir die Verwendung metrischer Daten. Damit haben die Teilnehmer die Gelegenheit einer differenzierten Antwort. Allerdings wächst gleichzeitig die Schwierigkeit zur Abgabe einer adäquaten Antwort und die Antwortunsicherheit wächst. Das heißt: umso differenzierter die Antwortvorgaben, desto schwerer ist die Abgabe eines exakten Urteils. Denn die kognitiven Anforderungen nehmen zu, insbesondere bei inhaltlich schwierigen Themen. Mit zunehmender Differenzierung der Antwortmöglichkeit und wachsenden kognitiven Anforderungen an die Teilnehmer wächst die Relevanz der Fragen zur Urteilssicherheit. Diese ermöglichen die Identifikation unsicherer Ansichten. Möglich ist, dass zwar alle Teilnehmer eine Aussage treffen, die im Schnitt wenig variieren, aber vielleicht sind die Befragten bei der Abgabe ihres Urteils unsicher. Vielleicht ist die fachliche Expertise bei einzelnen Fragen nicht ausreichend für die Abgabe eines sicheren Urteils. Dies ist ein Problem, das in der üblichen standardisierten Befragung wenig bis gar nicht aufgelöst werden kann.

Beim Gruppendelphi dagegen sollen diese Fälle explizit herausgearbeitet werden und im Plenum diskutiert werden. Fragen zur Urteilssicherheit dienen als Filter für die Auswertung und den weiteren Verlauf des Delphis. Dabei verstehen wir Fragen zur Urteilssicherheit auch als Oberbegriff für ähnlich angelegte und eingesetzte Fragen, wie Kompetenzfragen. Wenn eine Person oder eine Gruppe glaubt, sie sei sehr unsicher oder sie verfüge über nicht genügend fachliche Kompetenz zur Beantwortung einer Frage, können sie dies über Angaben zur

Urteilssicherheit verdeutlichen und eventuelle inhaltliche Antworten sind bei der Auswertung entsprechend zu gewichten oder sogar zu überspringen und in der nächsten Diskussionsrunde wieder aufzunehmen.

Doch wo genau sind Fragen zur Urteilssicherheit im Fragebogen zu formulieren? Die Fragen zur Urteilssicherheit sollten in der Regel unmittelbar nach der jeweiligen inhaltlichen Frage gestellt werden. Wenn sie explizit als Filtervariable eingesetzt werden sollen, können sie auch vor der inhaltlichen Frage gestellt werden (vgl. Häder 2002: 124ff). In diesen Fällen erfüllen sie in der Regel die Funktion einer Einschätzung der eigenen Expertise bzw. Kompetenz im Vorfeld der Begutachtung des Sachverhaltes. Solche Kompetenzfragen sollten im Workshop allerdings nur im Ausnahmefall eingesetzt werden. Denn mit der Einladung der Teilnehmer wurde vorab, wie auch immer, Expertise vorausgesetzt. Daher sollte auch bereits im Einladungsschreiben die thematische Ausrichtung des Delphis deutlich gemacht werden. Die konkrete Sicherheit des Urteils kann dagegen nur nach der inhaltlichen Frage gestellt werden.

Einschränkend ist anzumerken, dass Fragen zur eigenen Urteilssicherheit je nach inhaltlicher Frageformulierung nicht immer gleich angemessen scheinen. Doch wann sollten sie genau eingesetzt werden und wann lieber nicht? Grundsätzlich gilt: Je höher der kognitive Anspruch, desto wichtiger ist die Abfrage der subjektiven Sicherheit. Bei der Verwendung von 10er Skalierungen erscheinen Sicherheitsfragen weniger relevant als bei Rankingverfahren, die höhere Anforderungen an die kognitiven Fähigkeiten der Befragten stellen. Generell erscheinen Fragen zur Urteilssicherheit vor allem für die erste Diskussion und, falls durchgeführt, für eine vorab eingesetzte Befragung relevant.

Insgesamt erfüllen Fragen zur Urteilssicherheit drei wesentliche technische Funktionen im Gruppendelphi (vgl. Häder 2002: 127): Zum einen können sie als Filter eingesetzt werden und zum anderen signalisieren sie den Teilnehmern, dass keine mit Sicherheit korrekten numerischen Antworten erwartet werden. „Sie tragen damit zum Abbau bzw. zur Verhinderung von Irritationen bei den Teilnehmern bei" (Häder 2002: 127). Außerdem können sie als ein möglicher Indikator für Gründe von Dissens dienen. Zudem kann man bei Abfrage einer numerischen Urteilssicherheit (etwa in Prozentwerten) diese numerische Selbsteinschätzung mit den angegebenen Skalenwerten gewichten, so dass Bewertungen mit hoher Urteilssicherheit mit höherer Gewichtung in die Mittelwertbildung einfließen als solche mit geringer Urteilssicherheit.

Die Fragen zur Urteilssicherheit können auf verschiedenen Wegen gestellt werden (vgl. Abbildung 15). Wir empfehlen allerdings, wenn möglich, bei einer Art der Frageformulierung zu bleiben. Da die Fragen zur Urteilssicherheit normalerweise nicht in elaborierte Berechnungen einfließen, kann das Messniveau hier niedriger als bei den inhaltlichen Fragen gewählt werden.

Abbildung 15: Beispiele Sicherheitsfragen (vgl. auch Häder 2002: 124ff)

Variante 1				
	Sehr sicher	**Eher sicher**	**Eher nicht sicher**	**Absolut nicht sicher**
Wie sicher fühlen sie sich bei der Beantwortung dieser Frage?	☐	☐	☐	☐

Variante 2

Wie vertraut fühlen sie sich bei der Beantwortung dieser Frage?
      Mit dem Gegenstand gar nicht vertraut
      Etwas vertraut
      Vertraut
      Sachverständig
      Experte

Variante 3

Wie sicher sind Sie, dass das von Ihnen gefällte Urteil in dieser Frage den wahren Sachverhalt trifft? Wie sicher sind Sie, dass Ihre Beurteilung stimmt?
      100%
      _____% (Tragen Sie eine Zahlenwert von 0-99 hier ein)
      Kann ich beim besten Willen nicht angeben

Variante 4

Wie kompetent fühlen Sie sich, um über … Auskunft zu geben?
      Sehr kompetent
      Teilweise kompetent
      Gering kompetent
      Nicht kompetent

Variante 5

Wie vertraut sind sie mit Fragen der …?
      Überhaupt nicht vertraut (Filter zum nächsten Fragekomplex)
      Vertraut
      Sehr vertraut

Variante 6

Bei einer Wahrscheinlichkeit von 95%, in welchem Bereich vermuten sie den wahren Wert? Kreuzen sie bitte den kleinsten und den größten Wert an, den sie für möglich halten.

	1	2	3	4	5	6	7	8	9	10
Antwort a										

Eine Art der Abfrage der Urteilssicherheit ist besonders hervorzuheben und aufgrund der Komplexität zu erläutern: die Abfrage über ein Vertrauensintervall (vgl. Abbildung 15 Variante 6). Die mathematische Logik beruht auf der Inferenzstatistik, bei der mithilfe eines Konfidenz- oder auch Vertrauensintervalls die Spannbreite möglicher Antworten angegeben werden kann (vgl. Bortz 1999: 101ff). „Das Konfidenzintervall kennzeichnet denjenigen Bereich eines Merkmals, in dem sich 95 % (99 %) aller möglichen Populationsparameter befinden, die den empirisch ermittelten Stichprobenkennwert erzeugt haben können" (Bortz 1999: 101). Der Grundgedanke lässt sich am besten anhand der Gaußschen Normalverteilung erklären. Charakteristisch ist, dass es ein Maß der zentralen Tendenz gibt, d.h. Median, Modus und arithmetisches Mittel fallen zusammen, und dass in einem bestimmten Bereich, dem Konfidenzintervall, ein exakt angebbarer prozentualer Anteil aller Fälle liegt.[2] Umso weiter sich aber die Werte vom arithmetischen Mittel entfernen, desto extremer werden die Antworten und desto seltener liegen sie vor. So ergibt sich idealerweise eine eingipflige und symmetrische Kurve, deren Enden sich asymptotisch der Abszisse nähern.

Als Wahrscheinlichkeit für diese Intervalle werden üblicherweise 95 % festgelegt. Diese empfehlen wir auch bei einem Gruppendelphi zu übernehmen, da dieser Wert vielen Experten vertraut sein wird. Die Logik und Anwendung für ein Gruppendelphi lässt sich anhand eines fiktiven Beispiels erläutern: Nehmen wir an Gruppe 1, Gruppe 2 und Gruppe 3 beurteilen zuerst die Relevanz einer spezifischen Maßnahme mit einem konkreten Wert und werden dann gebeten bei einer Wahrscheinlichkeit von 95 % den vermuteten wahren Bereich anzugeben (vgl. Abbildung 16). Jede Gruppe gibt einen bestimmten Bereich an, von dem sie glaubt, dass in diesem der wahre Wert liegt. Werden diese Bereiche addiert ergibt sich eine Häufigkeitsverteilung, die Auskunft über die Verteilung der Antworten gibt. Dahinter steckt die Vermutung, dass der Modus, sprich der häufigste Wert der Verteilung der wahre Wert ist. Es ist sozusagen der kleinste gemeinsame Nenner. Je breiter allerdings die Verteilung wird, desto mehr streuen die Antworten der Teilnehmer und umso „unsicherer" ist die angegebene Antwort. Die Anwendung dieser Art der Sicherheitsfrage ist vergleichsweise aufwendig in der Auswertung. Die Praktikabilität ist deshalb von Fall zu Fall kritisch zu prüfen.

---

[2] In den Bereich +/- 1 Standardabweichung fallen 68,3 % aller Fälle, in den Bereich +/- 2 Standardabweichung fallen 95,5 % aller Fälle, in den Bereich +/- 3 Standardabweichung fallen 99,7 % aller Fälle.

Abbildung 16: Beispiel Antwortverhalten und Auswertung einer Sicherheitsfrage mit Konfidenzniveau

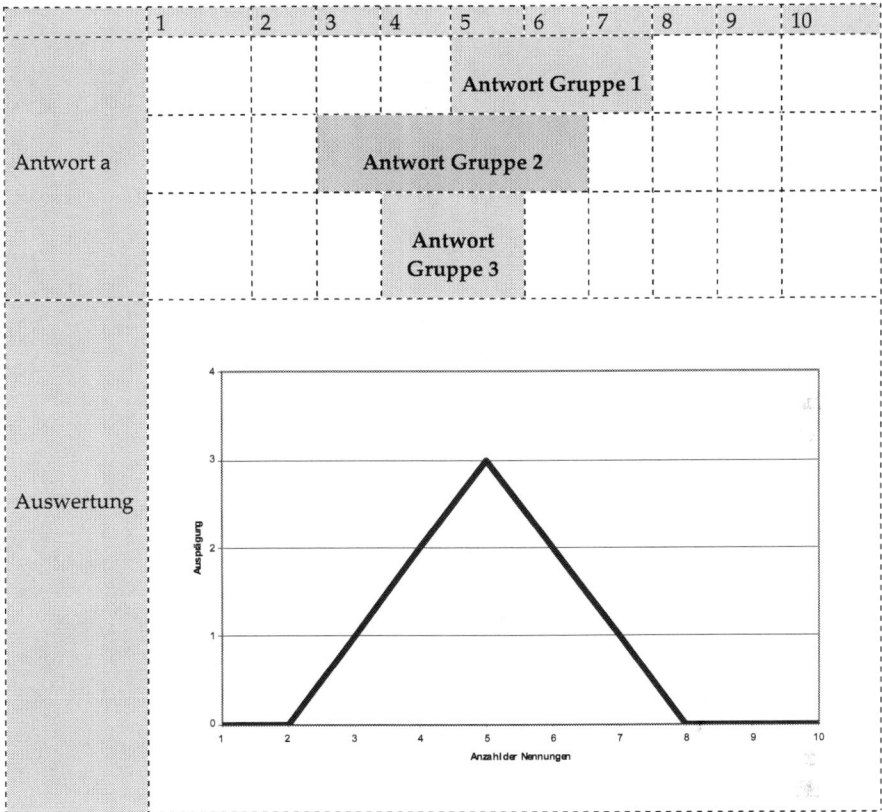

TEIL II:
Fallbeispiele:
Das Gruppendelphi in der Praxis

4 WASKlim Projekt

(Schulz, Marlen; Renn, Ortwin; Daschkeit, Achim)

Das Umweltbundesamt (UBA) fördert im Zeitraum 11/2007 bis 09/2009 im Auftrag des Bundesministeriums für Umwelt, Naturschutz und Reaktorsicherheit (BMU) das Projekt „Wasserwirtschaftliche Anpassungsstrategien an den Klimawandel", kurz WASKLim (www.wasklim.de). Dieses Projekt wird unter der Leitung von UDATA (Umweltschutz und Datenanalyse) und unter der Mitarbeit der Fakultät für Bauingenieur- und Vermessungswesen der Bundeswehr Universität München sowie DIALOGIK durchgeführt. Ziel des Projektes ist die Untersuchung regionalspezifischer Vulnerabilitäten und Anpassungskapazitäten gegenüber dem Klimawandel (Schwerpunkt Wasserwirtschaft) sowie die Erarbeitung fachlicher und methodischer Beiträge zur Unterstützung der Deutschen Strategie zur Anpassung an den Klimawandel (DAS). Die DAS soll im November 2008 von der Bundesregierung beschlossen werden.

Die Aufgabe von DIALOGIK besteht vornehmlich in der kommunikativen und methodischen Unterstützung des Projektes. Dazu wurde unter anderem eine Fachkonferenz nach der Methode des „open space" entwickelt und durchgeführt. Außerdem hat DIALOGIK ein Gruppendelphi mit Experten zum Thema Wasserwirtschaft initiiert. Letzteres steht im Mittelpunkt des folgenden Kapitels.

4.1 WASKlim: Das Gruppendelphi

Im Auftrag des Umweltbundesamtes wurde am 8. April 2008 mit Experten aus dem Bereich Wasserwirtschaft und einer Auswahl von mit der Wasserwirtschaft in Zusammenhang stehenden Sektoren ein eintägiges Gruppendelphi durchgeführt, dessen Ablauf und zentrale Ergebnisse hier zusammengefasst werden. Thematisiert wurden grundlegende Aspekte der Wasserwirtschaft sowie die Einschätzungen der Experten zu den Themen Hochwasser, Niedrigwasser und Grundwasser angesichts der Bedrohungen durch den Klimawandel.

Dabei konnte DIALOGIK auf einen qualitativ ausgerichteten Fragebogen zurückgreifen, der bereits im Vorfeld des Projektes (Herbst 2007) durch das Umweltbundesamt an Vertreter der Länder, Bundesressorts und relevanter Verbände verschickt wurde, um – unter anderem – ein möglichst breites Informationsbild über das gegenwärtig verfügbare Wissen zu Risiken, möglichen Auswirkungen des Klimawandels sowie Anpassungsoptionen und -maßnahmen für unterschiedliche Regionen und Sektoren zu gewinnen sowie Wissenslücken aufzuzeigen. Diese Befragung verfolgte vier wesentliche Ziele, im Einzelnen:

a. Zusammenstellung der Betroffenheit der Befragten in Hinblick auf klimabedingte Änderungen,

b. Abfrage der Anpassungsnotwendigkeit bestehender Leitbilder oder Planungsziele,

c. Erfassung von Konzeptionen und Maßnahmen im Hinblick auf Anpassung an den Klimawandel sowie

d. Abfrage der laufenden oder geplanten Prozesse, um Klimaänderungen und Klimafolgen zu begegnen.

Dieser Fragebogen und dessen Ergebnisse waren die Grundlage für das durchzuführende Gruppendelphi. Die Teilnehmer wurden aus dem Rücklauf der Fragebögen eruiert und die Identifikation der relevanten Frageaspekte stammt aus den Ergebnissen der Auswertung. Da mit dem Versand der Fragebögen bereits eine erste Einbindung in den Informations-, Planungs- und Umsetzungsprozess der Akteure vorgenommen wurde, wurde im WASKlim Projekt auf einen postalischen Versand der Fragebögen im Vorfeld des Workshops verzichtet.

Der Workshop fand von 9:00 Uhr bis 17:00 Uhr statt. Von der ursprünglichen Planung von insgesamt drei Gruppendiskussionen wurde im Verlauf der Sitzung aus Zeitgründen abgewichen (vgl. Abbildung 18). Insgesamt konnten zwei aufeinander folgende Gruppendiskussionen durchgeführt werden.

Für die Einteilung in die Gruppen durfte zu Beginn des Workshops jeder Teilnehmer eine Nummer ziehen, die dann Grundlage für die Gruppeneinteilung war. Insgesamt nahmen 21 Experten teil, daraus wurden fünf Gruppen mit je vier bzw. fünf Teilnehmern gebildet.

4.2 WASKlim: Aufbau des Fragebogens

Die vorgestellten Richtlinien für die Entwicklung eines Fragebogens für ein Gruppendelphi flossen in den WASKlim Fragebogen ein (vgl. Anhang Fragebögen (Auszüge)). Die inhaltlichen Ausprägungen wurden vor allem anhand der vorherigen Fragebogenauswertung, ergänzt um Ergebnisse einer internetbasierten Publikationsrecherche und zusätzlich von Vorschlägen innerhalb des Projektteams, entwickelt. Die spezifischen wasserwirtschaftlichen Inhalte werden hier nicht weiter diskutiert. Stattdessen werden der Aufbau sowie die Frage- und Antwortformulierung kritisch reflektiert und darauf aufbauend die bisherigen Richtlinien für die Fragebogenkonstruktion ggfs. modifiziert und spezifiziert.

Der Fragebogen wurde in fünf Bereiche eingeteilt:

- Wasserwirtschaft und betroffene Sektoren,
- Hochwasser,
- Niedrigwasser,
- Grundwasser und
- offene Fragen.

Insgesamt wurden dazu 17 Fragekomplexe entwickelt, die verschiedene Unterfragen und Sicherheitsfragen beinhalteten.

Im ersten sehr allgemeinen Abschnitt ging es vor allem um einen intersektoralen Vergleich zwischen den vom Klimawandel betroffenen Sektoren, wie Forstwirtschaft, Landwirtschaft oder Verkehr. Dabei wurden die Experten gebeten ein fiktives Budget auf die verschiedenen Sektoren aufzuteilen. In erster Linie wurden hier Rankingfragen eingesetzt, um eine Rangfolge zwischen den einzelnen Sektoren zu erhalten. Der Auftraggeber, das Umweltbundesamt bzw. das Bundesumweltministerium, war daran interessiert herauszufinden, wie eine Prioritätensetzung zwischen verschiedenen Sektoren bzw. auch innerhalb eines Sektors vorgenommen wird. Zentrales Anliegen war die Entwicklung einer Priorisierung zwischen verschiedenen vom Klimawandel betroffenen Handlungsfeldern, wie Wasserwirtschaft und Forstwirtschaft.

In den spezifischen Abschnitten zu Hochwasser, Niedrigwasser und Grundwasser wurden die Anzahl und die Art der Fragen immer wieder gleich formuliert. Zunächst sollten die Befragten die Relevanz von spezifischen Anpassungserfordernissen beurteilen, danach ihre politische Durchsetzbarkeit abschätzen und abschließend ihre Zustimmung zu spezifischen themenrelevanten Aussagen abgeben. Alle Fragen wurden über Ratingskalen angegeben. Die Fragen zur Urteilssicherheit wurden bei all diesen Skalen mit verwendet. Sie wurden auf ordinalem Messniveau erhoben.

Im letzten Abschnitt wurden drei offene Fragen für Empfehlungen an die Bundesregierung, über prioritäre Maßnahmen in der Wasserwirtschaft sowie für weitere Kommentare vorgegeben. Die Einbindung offener Fragen erfolgte mit dem Ziel einer möglichen Priorisierung von Anpassungserfordernissen und Maßnahmen.

4.3 WASKlim: Deutung der Ergebnisse

Im Folgenden werden die zentralen Ergebnisse und Erkenntnisse aus dem WASKlim Gruppendelphi reflektiert. Dazu werden zunächst einige inhaltliche Befunde vorgestellt, da sie für das Verständnis der methodischen Reflexion relevant sind.

Die zentralen Ergebnisse des eintägigen Gruppendelphis haben vier inhaltliche Aspekte deutlich hervorgehoben:

1. Bei einem Großteil der Fragen konnte am Ende des Workshops Konsens erzielt werden. Konsens besteht unter den Experten vor allem hinsichtlich der Relevanz der Bereitstellung von Informationen und der Verbesserung von Klimavorhersagen. Dies zeigt sich deutlich an der positiven Beurteilung von Anpassungserfordernissen zur Verstärkung der Kommunikation im Bereich Hochwasservorsorge, zur Verbesserung von Hochwasservorhersagen, zur flächendeckenden Einrichtung eines Niedrigwasser-Infodienstes mit Vorhersage sowie der Ermittlung der künftigen Veränderungen der Grundwasserverhältnisse.

2. Einige Maßnahmen zur Anpassung an den Klimawandel und deren Umsetzung wurden kontrovers diskutiert und nicht in allen Fällen konnte ein gemeinsames Expertenvotum entwickelt werden. Die Diskrepanzen in der Beurteilung der Relevanz einzelner Anpassungserfordernisse und die Zustimmung zu verschiedenen Maßnahmen variiert vor allem in Abhängigkeit der regionalen Zuständigkeit und der bisherigen Erfahrungen. Das erste wichtige Fazit des Gruppendelphis ist, dass bei allen geplanten Maßnahmen zur Anpassung an den Klimawandel die regionalen Besonderheiten ausreichend zu berücksichtigen sind. So wurden im Bereich Grundwasser die Relevanz der Ausweisung von Vorranggebieten für die öffentliche Trinkwasserversorgung in Brandenburg aufgrund hoher Abwanderungszahlen als gering, in Baden-Württemberg dagegen als hoch eingestuft. Im Bereich Hochwasser wurde der HQ100 Wert, nach dem statistisch gesehen alle 100 Jahre ein Hochwasserabfluss auftritt, kontrovers diskutiert. Einige der Experten präferierten den HQ 100 Wert und andere gaben an, dass die Bemessungsgrundlage regional differenziert zu betrachten und deshalb variabel zu verwenden ist. Sie schlugen

Hochwasserschutzmaßnahmen basierend auf der Messung von Wasserständen unter Beachtung des Schadenspotentials vor.

3. Die konkrete Formulierung der einzelnen Anpassungserfordernisse an den Klimawandel ist präzise zu formulieren, um etwaige Missverständnisse zu vermeiden. So wurde im Bereich Niedrigwasser die Relevanz der Güterverlegung vom Schiff auf die Schiene konträr beurteilt. Allerdings zeigen die Begründungen der Urteile, dass die divergierenden Urteile aufgrund unterschiedlicher Betrachtungsweisen zustande kommen. So wird einer Güterverlegung auf die Schiene insofern eine hohe Relevanz eingeräumt, als die Straße als alternativen Transportweg vermeiden werden soll. Auf der anderen Seite wird die Relevanz niedriger beurteilt, weil Massengüter der Schifffahrt häufig nicht „just in time" geliefert werden müssten und die Kapazitäten auf der Schiene nicht ausreichen, um alle Schifffahrtsgüter zu übernehmen.

4. Generell hat das Gruppendelphi gezeigt, dass in vielen Handlungsfeldern bereits Maßnahmen durchgeführt werden, bei denen der direkte Zusammenhang mit dem Thema Klimawandel strittig war. So wurden beispielsweise im Bereich Grundwasser die Reduktion von Düngung und der Einsatz von Pflanzenschutzmitteln kontrovers diskutiert. Einige Experten wiesen darauf hin, dass eine ordnungsgemäße Landwirtschaft diese Aspekte berücksichtigt, andere Experten waren allerdings der Ansicht, dass der Klimawandel hier weiteren Anpassungsbedarf notwendig macht. In diesem Sinne ist bei der Entwicklung zukünftiger Maßnahmen zwischen neuen, modifizierten und zu intensivierenden Maßnahmen zu unterscheiden.

Damit sind für die weitere Entwicklung von Handlungszielen und Maßnahmenoptionen vor allem regionale Aspekte zu berücksichtigen, die Formulierungen präzise und unmissverständlich zu wählen sowie bereits bestehende Maßnahmen zur Anpassung an den Klimawandel zu berücksichtigen.

Methodisch zeigen die Ergebnisse vor allem, dass nicht immer Konsens zu erreichen ist, dass die Expertise der Teilnehmer in Abhängigkeit der regionalen und sektoralen Zuständigkeit deutlich variiert und damit auch die Urteile, und dass die Formulierung entscheidenden Einfluss auf das Verständnis der Fragen nehmen kann. Allerdings konnte am Ende des Delphi-Workshops in einem Großteil der Fragen Konsens (ca. 55%) und bei den anderen Fragen Konsens über Dissens (ca. 45 %) hergestellt werden.

Methodische Reflexion

Obwohl insgesamt eine konstruktive Diskussion mit verwertbaren Ergebnissen entstand, sind einige Aspekte bei dem Workshop aus methodischer Perspektive kritisch zu bewerten:

- Mit insgesamt 17 Fragekomplexen, an die sich mehrere Unterfragen anschlossen, war der Fragebogen deutlich zu lang. Dabei war nicht allein die Länge das Problem, sondern auch die entgegen vorheriger Erwartungen große Varianz in den Antworten. Gerade einmal bei einem Viertel der Unterfragen konnte bereits in der ersten Runde Konsens hergestellt werden. Nicht ein Fragekomplex schied komplett aus der weiteren Diskussion aus. Damit konnte der Fragebogen insgesamt nur wenig gekürzt werden. Dies führte im Endeffekt zu zeitlichen Verzögerungen und zum Wegfall einer dritten Delphi-Runde.
- Da nur zwei Delphi-Runden durchgeführt werden konnten erhält der postalische Rücklauf als kommunikative Rückkopplung der zentralen Befunde mit den Teilnehmern, besondere Relevanz. Dieser kann die Validität der Ergebnisse sicherstellen und die Chance zur politischen Durchsetzbarkeit der Maßnahmen erhöhen. Denn wenn sich die Teilnehmer in den Ergebnissen wiederfinden, kann das ein wichtiges Zeichen für ihre Unterstützung bei der Umsetzung entsprechender politischer Maßnahmen sein. Dabei empfiehlt sich neben der statistischen Auswertung vor allem die Versendung eines schriftlichen Protokolls, welches zentrale Argumente und Interpretationen der Teilnehmer aufnimmt. So kann sichergestellt werden, dass alle relevanten Meinungen und Interpretationen vertreten, aber auch die Formulierungen angemessen und unmissverständlich sind.
- Aufgrund der hohen Anzahl an Dissensfragen nach der ersten Delphi-Runde konnten nicht alle Fragen in der Plenumsdiskussion aufgenommen werden, so dass hier die Begründungen der Urteile fehlen. Dies betrifft in erster Linie die Budgetfragen. Da bei diesen Fragen keine Urteilssicherheit abgefragt wurde, kann im Nachhinein keine Begründung oder Relevanz der Priorisierung formuliert werden.
- Die grafische Aufarbeitung des Fragebogens war für die Beamerpräsentation ungeeignet. Einige der Teilnehmer konnten die Fragen nicht lesen. Die kleine Schrift und die teilweise graue Hintergrundfarbe führten zur schlechten Lesbarkeit.

- Einzelne Fragen waren nicht präzise genug formuliert. Dies führte zu konträren Sichtweisen und Interpretationen. Diese Fragen wurden mit dem Plenum gemeinsam nach der ersten Gruppendiskussion umgeschrieben bzw. präzisiert. Die Umformulierungen beziehen sich häufig auf präzisere fachliche Hintergrundinformationen. Dazu zwei Beispiele:

  1. Im Bereich Niedrigwasser bezog sich eines der Items auf das Anpassungserfordernis „Vergrößerung Speicherräume und Schaffung neuer Trinkwasserspeicher". Hier baten die Teilnehmer um eine Aufteilung in zwei Items, einmal nach der Vergrößerung der Speicherräume und einmal nach neuen Trinkwasserspeichern.

  2. Im Bereich Hochwasser wurde die Zustimmung auf folgende Aussage abgefragt: „Ein 100jährlicher Abfluss, d.h. eine Eintrittswahrscheinlichkeit von 1x 10^{-2}, ist bei der Planung und Durchführung von Hochwasserschutzmaßnahmen zu Grunde zu legen". Dieser Aspekt wurde sehr kontrovers diskutiert und deshalb umformuliert in die Aussage: „Sollte die Bemessungsgrundlage an dem 100jährigen Wert ausgerichtet werden?"

- Bei fast allen Fragen zur Urteilssicherheit gaben die Gruppen „sehr sicher" oder „eher sicher" an. In der Plenumsdiskussion zeigte sich ein Zusammenhang zwischen der Sicherheit der Einschätzung und der Verständlichkeit der Formulierung der Items. Damit sind unsichere Befunde nicht auf geringe Kompetenz oder Nicht-Wissen, sondern auf semantische Uneindeutigkeiten zurückzuführen.

- Die Urteilssicherheit ist bei den Ratingfragen relativ hoch. Bei präziser und unmissverständlicher Frageformulierung tendieren die Teilnehmer zu sicheren Urteilen. Möglicherweise zeigt sich hier ein Effekt der sozialen Erwünschtheit. Denn die Experten müssten innerhalb der Kleingruppendiskussion und später vor dem Plenum Unsicherheiten eingestehen. Hier kann die fehlende Anonymität möglicherweise ein Hemmnis zur Äußerung unsicherer Aussagen sein. Vielleicht ist es auch ein Effekt, der aufgrund der Zusammensetzung der Teilnehmer hervorgerufen wird. Denn alle Teilnehmer kommen aus dem Sektor der Wasserwirtschaft, also einem relativ engem Fachgebiet. Dies war eine bewusste Entscheidung, die sicherstellen sollte, dass alle Teilnehmer über ausreichend Kompetenz und Expertise zur Beantwortung des Fragebogens verfügen. Zu vermuten ist, dass mit steigender Heterogenität der Teilnehmer die Urteilsunsicherheiten zunehmen, ob sie allerdings formuliert werden, bleibt aufgrund mangelnder Anonymität unklar.

Insgesamt verlief der Workshop sehr konstruktiv. Für die meisten Teilnehmer war diese Form des Workshops neu. Sie arbeiteten interessiert, engagiert und produktiv an einem gemeinsamen Votum hinsichtlich notwendiger Handlungen im Bereich der Wasserwirtschaft. Methodisch ist, trotz der vor allem in zeitlicher Hinsicht starken Modifikationen des Tagesablaufs während des Workshops, ein positives Fazit zu ziehen. Die Anzahl der Fragen und der starke Dissens in den Fragen bedingten zwar den Wegfall der dritten Runde, allerdings zeigt das Endergebnis, dass dies nicht mehr von hoher Relevanz ist. Denn in allen Fällen konnte Konsens oder Konsens über Dissens erreicht werden. Statistisch wurden diese über die Bestimmung der arithmetischen Mittel und der Varianzen bestimmt. Wenn z.B. bei einer 10er Skala die Standardabweichung im Max bei 1 lag, wurde Konsens angenommen. Auf der Skala entspricht dies einer maximalen Breite von drei Items.

Aufgrund der hohen Konsensrate kann davon ausgegangen werden, dass in einer dritten Runde keine neuen Erkenntnisse mehr hinzugekommen wären. Daraus ist zu entnehmen, dass der vorab festgelegte Zeitplan flexibel zu halten ist und ggfs. mehr Raum für die Plenumsdiskussion zu geben ist.

Die methodische Besonderheit bei diesem Gruppendelphi war die Vorlage eines vorab vom Umweltbundesamt entwickelten und qualitativ ausgerichteten Fragebogens, auf dessen inhaltliche oder methodische Ausrichtung das Forscherteam keinen Einfluss hatte. Auch wenn keine der dort formulierten Fragen wortwörtlich übernommen wurde, gab die Auswertung Anregungen für relevante und unter Umständen kontrovers zu diskutierende Aspekte.

Die Erfahrungen aus diesem Workshop zeigen, dass eine vorab Versendung des Delphi-Fragebogens nicht immer notwendig ist. Wenn in irgendeiner Form bereits eine Einbindung der Teilnehmer in den Planungs- und Entscheidungsprozess erfolgt ist, ist die Versendung eines Individualfragebogens nicht notwendig. Keiner der Befragten hatte Schwierigkeiten sich in das Thema einzudenken oder gab an, nicht genügend inhaltlich vorbereitet zu sein. Relevanter scheint im Hinblick auf die Validität der Ergebnisse eine postalische Rückkopplung mit den Teilnehmern, die sicherstellen soll, dass sich jeder Einzelne in den Ergebnissen wieder findet und so das Ergebnis von allen Beteiligten mitgetragen wird.

Die zentralen methodischen Schlussfolgerungen für die Konstruktion eines Fragebogens für ein Gruppendelphi lauten:

- Klare und präzise Formulierung der Fragen und Antworten sind notwendig.
- Die grafische Aufarbeitung des Fragebogens für die Beamerpräsentation ist wichtig.

- Ein Fragebogen mit 17 Fragen ist bei einem eintägigen Workshop zu lang.
- Der Zeitplan ist flexibel zu halten und ggfs. anzupassen.
- Unsichere Antworten sind häufig ein Resultat semantischer Missverständnisse, nicht zwangsläufig ein Zeichen für Unsicherheit.
- Bei den Ratingfragen tendieren die Teilnehmer zu hoher bzw. sehr hoher Urteilssicherheit.
- Die Versendung eines Fragebogens im Vorfeld des Workshops erscheint nicht notwendig, wenn die Beteiligten bereits ausreichend in die aktuellen Forschungen und politischen Prozesse eingebunden sind.

5   OSIRIS Projekt
(Ruddat, Michael; Beninghaus, Christina)

Das EU-Forschungsprojekt OSIRIS[3] („Optimized Strategies for Risk Assessment of Industrial Chemicals through Integration of Non-Test and Test Information") befasst sich mit der Entwicklung von Integrierten Teststrategien für Chemikalien (ITS). Durch die Kombination der Teststrategien sollen umfangreichere Daten genutzt werden können, die nicht aus Tierversuchen (in vivo) stammen. Bestandteile der kombinierten Teststrategien können beispielsweise mathematische Strukturmodelle (QSARs), der Vergleich von neuen chemischen Stoffen mit ähnlichen, bereits bekannten Stoffen (read across) oder in vitro Tests sein. Die große Bedeutung der integrierten Teststrategien und des Projektes OSIRIS wird vor dem Hintergrund des europäischen REACH-Programms deutlich. REACH steht für „Registration, Evaluation, Authorisation and Restriction of Chemicals" und sieht eine Neuordnung des europäischen Chemikalienrechts vor. Unter REACH müssen ca. 30.000 Altstoffe, die in der EU im Umlauf sind, auf ihre potentiellen Risiken für Mensch und Umwelt überprüft werden. Dazu wäre eine hohe Anzahl an zusätzlichen Testverfahren notwendig. Die ITS sollen deshalb helfen, wissenschaftlich valide und reliable Daten zu möglichst vielen Chemikalien zu bekommen, um Tierversuche zu reduzieren.

Für die Anwendung der Teststrategien ist es notwendig, einerseits die Verfahren bei relevanten Interessensgruppen (Unternehmen, Behörden, Wissenschaft, NGOs wie z.B. Umweltschutzverbände) bekannt zu machen und andererseits die Akzeptanz der Gruppen zu ermitteln. Geplant ist auch, die Vertreter nach möglichen Bestandteilen der Teststrategien und Schwierigkeiten für die praktische Umsetzung zu fragen. Dies ist die Aufgabe von DIALOGIK im EU-Projekt OSIRIS. Durch mehrere Workshops werden die Wünsche und Bedenken der Stakeholder ermittelt, akzeptable Lösungen diskutiert und Input für weitere Forschungsarbeiten gesammelt.

---

[3] Das Forschungsprojekt wird von der Europäischen Kommission im Sechsten Rahmenprogramm unter dem Titel „Global Change and Ecosystems" gefördert. Koordinator ist Prof. Dr. Gerrit Schüürmann vom Helmholtz-Zentrum für Umweltforschung (UFZ), Permoserstr. 15, 04318 Leipzig, Germany. contract no. GOCE-CT-2007-037017.

5.1 OSIRIS: Das Gruppendelphi

Der erste Workshop[4] fand Ende November 2007 in Stuttgart statt. Ziel war es, Anregungen für die Strukturierung und den wissenschaftlichen Fokus der Forschungsaktivitäten von OSIRIS zu finden. Zu diesem Zweck wurde ein Gruppendelphi mit 20 Teilnehmern aus Industrie, Wissenschaft und Politik durchgeführt.

Ablauf

Das Delphi umfasste insgesamt drei Runden. In der ersten Runde wurde den potentiellen Teilnehmern vor Beginn des Workshops ein Fragebogen zugesandt, in dem unter sechs Hauptpunkten die wesentlichen Fragen (z.B. Wo will OSIRIS hin? Was sollten die Bestandteile der ITS sein? Welche internationalen Forschungsaktivitäten sollten in OSIRIS berücksichtigt werden?) abgehandelt wurden. Wichtig ist hierbei anzumerken, dass die Antwortskalen einfache Ratingskalen waren (z.B. „stimme zu" bis „stimme nicht zu"). Die klassische Delphi-Form mit der Angabe von Expertenurteilen und subjektiven Abschätzungen der Urteilssicherheit fand auf Grund der speziellen Fragestellungen keine Anwendung. Es sollten nicht die ITS auf ihr wissenschaftliches Anwendungspotential eingeschätzt werden (verbunden mit einem Sicherheitsurteil), sondern es ging um die Frage, wo OSIRIS hin will und wo die Prioritäten bei den ITS zu setzen sind. Bewertungen der eigenen Urteilssicherheit waren deshalb weniger angebracht. Um den Zweck der Orientierung für das Forschungsteam zu erfüllen, wurden Ratingskalen gewählt. Außerdem ergaben sich im Rahmen eines Pretests Hinweise auf die Angemessenheit von Ratingskalen in Bezug auf die vorliegende Fragestellung.

Beim Individual-Delphi wurde der Fragebogen an alle potentiellen Workshopteilnehmer verschickt. DIALOGIK bekam insgesamt 18 ausgefüllte Fragebögen zurück. Das Individual-Delphi diente als Input und Grundlage der ersten Gruppendiskussion.

---

[4] Der vollständige Bericht über den Workshop (Renn et al. 2007: Summary of results of First Expert Workshop - Optimized Strategies for Risk Assessment of Industrial Chemicals through Integration of Non-Test and Test Information. Scientific report. Prof. Dr. Dr. Ortwin Renn, Michael Ruddat, Christina Benighaus, DIALOGIK Stuttgart, Germany; Dr. Han van de Sandt, Prof. Dr. Kees van Leeuwen, Dr. Dinant Kroese, TNO Zeist, the Netherlands, Stuttgart) kann auf der Homepage von OSIRIS (www.osiris-reach.eu) abgerufen werden.

Das eigentliche Gruppendelphi fand während des Workshops statt (vgl. Abbildung 18). Auf dieser Vernastaltung wurden zunächst als Orientierung und Input die Ergebnisse der ersten Fragebogenrunde vorgestellt. In der zweiten Runde wurden dann fünf Gruppen mit je vier Teilnehmern durch Zufallsauswahl gebildet. Jede Gruppe wurde gebeten, den identischen Fragebogen aus der ersten Runde noch einmal auszufüllen. Diesmal sollten jedoch nach eingehender Diskussion der Fragen und Antwortmöglichkeiten einheitliche Antworten pro Gruppe gegeben werden. Für diese Gruppenrunde hatten die Teilnehmer 1,5 Stunden Zeit. Danach wurden die Ergebnisse durch das Forschungsteam von DIALOGIK zusammengefasst, im Plenum vorgestellt und diskutiert. Gruppen, die stark abweichende Antworten gegeben hatten, wurden entsprechend der Delphi-Logik gebeten, ihre Ansichten zu erläutern. Die Diskussion führte zur Ermittlung von Gemeinsamkeiten, deckte aber auch Unklarheiten im Fragebogen auf. Dieser wurde dann entsprechend für die dritte Runde modifiziert. In der dritten Runde wurden neue Gruppen durch Permutation gebildet, d.h. in jeder Gruppe befand sich mindestens ein Mitglied aus der zweiten Runde. Da die Gesamtzahl der Teilnehmer 20 war, konnte keine vollständige Permutation erfolgen. Ideal wären hierzu 25 Teilnehmer gewesen. So konnten nur vier Gruppen mit jeweils fünf Teilnehmern gebildet werden.

Der Ablauf der dritten Bewertungsrunde war mit der zweiten Runde identisch. Nach erneut 1,5 Stunden wurden die Ergebnisse wiederum im Plenum diskutiert und resümiert. Im folgenden Abschnitt wird detailliert auf die Entwicklung des Fragebogens in den drei Delphi-Runde eingegangen.

5.2 OSIRIS: Der Fragebogen

Der Fragebogen umfasst insgesamt sechs größere Blöcke zum geplanten Forschungsvorgehen von OSIRIS, Qualität und Nutzung der Daten (vgl. Auszug aus dem Fragebogen OSIRIS (Gruppendelphi)). Der Fragebogen beinhaltete als Einstiegsthema mögliche Zielstellungen und Ergebnisse von OSIRIS und sollte damit den Teilnehmern das Projekt OSIRIS selbst näher bringen. Als zweiter Block folgten Fragen zu den möglichen Teststrategien, die im Projekt geplant sind. Zusätzlich wurden die Teilnehmer zur Einschätzung weiterer Testmethoden gebeten, die ihnen sinnvoll erschienen. Der dritte Fragenblock beinhaltete Fragen hinsichtlich der möglichen Datengrundlage, die Teststrategien nutzen sollten. Danach schlossen sich zwei weitere Fragenkomplexe zur Qualität und der Verfügbarkeit der Daten an. Der letzte Themenkomplex befasste sich schließlich noch einmal mit der praktischen Umsetzung, Nutzung und Akzeptanz der Verfahren.

Die Fragen wurden im Verlauf des Gruppendelphis verändert und an die Schwerpunkte der Diskussion der Teilnehmer angepasst. Die Veränderungen der Fragen bieten den besonderen Vorteil des Delphis im Gegensatz zu den starren Fragebögen von Interview und postalischen „Einmal"-versendungen.

Abbildung 17 gibt einen komprimierten Überblick über die Entwicklung des Fragebogens in den drei Delphi-Runden[5].

Abbildung 17:   Übersicht über Konsens und Dissens im OSIRIS Gruppendelphi

			Individual Delphi	Group Delphi 1	Group Delphi 2
Key Topic 1: Focus and Output of OSIRIS	Focus of OSIRIS (1.1)	*What should OSIRIS do?*	✗	✗	-
		What should be the priorities for OSIRIS?	-	-	✓
		What are the conditions for the success of OSIRIS?	-	-	✗
	Output of OSIRIS (1.1)	*What should OSIRIS do?*	✗	✗	-
		What should have priority with respect to the output (products) of OSIRIS?	-	-	✓
Key Topic 2: Building blocks of ITS	Building blocks of ITS (2.1) / Existing tools in OSIRIS:	*Existing tools in OSIRIS: Which of the tools below for generating fate and (eco) toxicity information are important for the testing strategies in the REACH process and should be included in Pillar 4?*	✗	✗	-
		What building blocks should be developed preferentially for inclusion in ITS?	-	-	✗
Key Topic 3: Databases of Chemicals	Kind of data-bases (3.1)	*Which databases should be included in the future for (eco)toxicity and exposure assessment?*	✓	✗	-
		Which databases will be more important in the future for (eco)toxicity and exposure assessment than today?	-	-	✓
	International activities (3.2)	*How do you rate the importance of the RIP's, OECD QSAR toolbox and others? What other international activities are important for OSIRIS?*	✓	✗	-
		Which ongoing international efforts should be considered by OSIRIS?	-	-	✓

[5] Die Sprache auf dem Workshop war Englisch. Um sprachliche Unschärfen zu vermeiden, wurden die Fragen in Abbildung 17 nicht ins Deutsche übersetzt.

			Individual Delphi	Group Delphi 1	Group Delphi 2
Key Topic 3: Databases of Chemicals	Databases needed (3.3)	*What kind of databases has priority?*	▼	✗	-
		On what databases/endpoints should OSIRIS focus in order to reduce or replace vertebrate testing?	-	-	✗
Key Topic 4: Quality of data	Quality parameters (Reliability, 4.1):	*What information about the data in OSIRIS is, according to you, needed from a scientific and regulatory point of view?*	✗	▼	- (▼)
	Quality parameters (Relev., 4.1):	*What information about the data in OSIRIS is, according to you, needed from a scientific and regulatory point of view?*	▼	▼	- (▼)
	Quality aspect (4.2):	*Which aspect do you consider important for a scoring system?*	✗	✗	-
		Risk assessors use scoring systems to assess the quality of the available information. Which aspect do you consider important with respect to a scoring system?	-	-	▼
	Criteria (OECD principles, 4.3):	*OSIRIS aims at basing the (Q)SAR tools on the OECD principles. Do you agree?*	▼	▼	- (▼)
Key Topic 5: Public availability		*OSIRIS aims at developing a webtool which is publicly available. Do you agree? Which elements need special attention with respect to confidentiality and ownership?*	▼	▼	- (▼)
Key Topic 6: Support for industry and regulation		*How can we support industry and regulators in providing effective and efficient testing methods and procedures in a timely manner?*	▼	✗	-
		How can we support industry and regulators in providing effective and efficient testing methods and procedures in a timely manner? Please be as specific as possible.	-	-	▼
Ratio of consensus / dissent total			7 / 5 = 1,4	4 / 8 = 0,5	10 / 3 = 3

Source: Individual and Group Delphi, n =17 persons for individual Delphi, n = 5 groups for first Group Delphi, n = 4 groups for second Group Delphi, ▼ = consensus, ✗ = dissent, - = question not posed in this round, - (▼) = consensus from round 2, because of that question not posed again in round 3

Wie leicht ersichtlich wird, bestand nach der ersten Delphi-Runde (individuelles Delphi) eine erstaunliche Übereinstimmung unter den Teilnehmern. Bei vielen Items waren sich die Befragten einig, die Varianz war insgesamt sehr niedrig. Das Verhältnis von sieben Mal Konsens zu fünf Mal Dissens bei den insgesamt 12 Fragen betrug 1,4 und war damit im positiven Bereich. Mit „positiver Bereich" ist die Tatsache gemeint, dass der Konsens den Dissens überwog. „Negativer Bereich" bedeutet dementsprechend das Gegenteil, der Dissens überwiegt den Konsens. Dies sollte sich nach der zweiten Delphi-Runde (Gruppendelphi) ändern. Die Übereinstimmungen nahmen im selben Maße ab, wie die Differenzen zunahmen. Das Verhältnis Konsens/Dissens von 0,5 rutschte in den negativen Bereich. Für diese Entwicklung sind generell drei Einflussfaktoren denkbar:

1. Es können in der Tat **inhaltliche Differenzen** zwischen den Teilnehmern des Workshops bestehen. Die Diskussion im Plenum zeigte jedoch, dass dies nicht in größerem Maße der Fall war.
2. Durch **soziale Interaktionsprozesse** in den einzelnen Gruppen können Fragen in einem anderen Licht gesehen und interpretiert werden. Bei der isolierten Beantwortung am Schreibtisch mag dem Einzelnen vieles eindeutig erscheinen, was sich im interaktiven Austausch mit anderen Personen, die noch dazu aus anderen Bereichen kommen (Industrie, Wissenschaft, politische Behörden), plötzlich als kontrovers herausstellt. Dieser Effekt wurde zwar nicht direkt „gemessen" (wenn dies überhaupt irgendwie möglich sein sollte), jedoch erscheint er als eine plausible Erklärung.
3. **Methodische Aspekte** können eine Rolle gespielt haben. Hier zeigte die Aussprache in der großen Runde, dass teilweise die Frageformulierungen missverständlich waren bzw. bestimmte Begriffe unterschiedlich verstanden wurden. Außerdem war nicht immer klar, wie die Abstufungen der einzelnen Antwortkategorien (z.B. „sehr wichtig" und „wichtig") zu interpretieren sind.

Deshalb wurden vor der dritten Delphi-Runde die kritischen Fragen umformuliert, eindeutigere Begriffe eingeführt und teilweise neue Skalen verwendet. Zum Beispiel wurden einige Ratingskalen („nicht wichtig" bis „sehr wichtig") durch Ranking-Skalen ersetzt, um die Teilnehmer auf eine Prioritätensetzung hin zu fokussieren. Fragen, bei denen bereits Konsens herrschte, wurden aus dem Fragebogen gestrichen, um in der dritten Runde Zeit zu sparen. Diese wurde für neue Fragen benötigt, die den Workshop-Teilnehmern sinnvoll erschienen. Nachdem der Fragebogen von den Moderatoren überarbeitet wurde, ging es in die abschließende dritte Delphi-Runde. Im Ergebnis zeigte sich, dass das Verhältnis Konsens/Dissens von drei wieder in den positiven Bereich schwenkte. Dies bedeutet, dass drei Mal mehr Übereinstimmungen als Differenzen vorlagen.

5.3 OSIRIS: Deutung der Ergebnisse

Interessant ist das durchaus auch in anderen Untersuchungen auftretende Phänomen der Verschiebung eines Konsenses in einen Dissens von der ersten zur zweiten Runde. Dabei wandelt sich ein „scheinbarer" Konsens aus der ersten Runde im zweiten Durchgang in einen Dissens, um dann nach der dritten Runde wieder in einem Konsens zu münden (z.B. bei 3.1 oder 3.2). Da zwischen der zweiten und dritten Delphi-Runde an den Frageformulierungen und Begrifflichkeiten gefeilt wurde, kann ein methodischer Effekt vermutet werden. Inhaltliche Differenzen dominierten demnach nicht. Das beschriebene Muster ist hierfür ein Beleg.

Dies macht die große Bedeutung der sorgfältigen Fragebogenkonstruktion im Rahmen eines Gruppendelphis deutlich. Genauso wie es bei standardisierten Umfragen von großer Relevanz ist, dass der Fragebogen nach dem Pretest noch einmal überarbeitet wird, ist es im Gruppendelphi von Bedeutung, das Verständnis der Teilnehmer im Hinblick auf die Fragen und Begrifflichkeiten im Verlauf des Delphis zu berücksichtigen. Ihre Vorschläge sind wichtig, um die methodischen von den inhaltlichen Differenzen zu trennen. Nur dann kann am Ende des Delphis valide festgestellt werden, in welchen Punkten „echter" Konsens bzw. Dissens vorherrscht.

Jedoch muss die Einschränkung gemacht werden, dass das OSIRIS-Delphi kein klassisches Gruppendelphi im engeren Sinne darstellt. Es wurden keine numerischen Expertenbewertungen mit der Angabe der Urteilssicherheit abgegeben, da es die Fragestellung nicht erforderte und den Inhalt zu stark verkompliziert hätte. Der Konsens kann nur auf einer qualitativen Ebene und nicht exakt quantitativ bestimmt werden. Im vorliegenden Fall hat sich das beschriebene, spezialisierte Vorgehen im Delphi-Prozess als fruchtbar und zielführend erwiesen. Sowohl die Teilnehmer als auch das Forscherteam von DIALOGIK empfanden die Diskussion und Erarbeitung der Ergebnisse als positiv und konstruktiv. Insbesondere die Bearbeitung des Fragebogens im Delphi zeigt, wie wichtig es ist, die individuelle Bewertung nochmals in der Gruppe auszuführen. Über die Verallgemeinerbarkeit dieser Vorgehensweise kann jedoch auf der Grundlage einer Untersuchung nichts ausgesagt werden.

6 Das Gruppendelphi im Adipositas-Projekt
(Deuschle, Jürgen; Sonnberger, Marco)[6]

Vom Januar 2006 bis Dezember 2008 wurde eine vom Bundesministerium für Bildung und Forschung (BMBF) geförderte Untersuchung zur juvenilen Adipositas durchgeführt. Die Projektleitung war am soziologischen Institut der Universität Stuttgart angesiedelt. Im Rahmen der Forschung fand ein Gruppendelphi statt, über dessen Funktion, Vorbereitung und Ablauf wir berichten werden. In den Ausführungen werden wir auf das Forschungsthema Adipositas nur insoweit eingehen, als es uns für die Darstellung jener Funktion als notwendig erscheint, die dieses Delphi für das Projekt einnahm. Unser Hauptaugenmerk legen wir auf die Methode des Gruppendelphis aus dem Blickwinkel eines Fallbeispiels der Praxis. Fallbeispiele können für die Erkenntnis dann einen großen Wert haben, wenn an ihnen theoretische und methodische Sachverhalte, Probleme und Widersprüche plastisch werden. Im Gegensatz zu Mustern aus der theoretischen Retorte haben Beispiele aus der Praxis noch ein weiteres Charakteristikum: Es läuft nicht alles nach Plan. So hatten auch wir einige Abweichungen vom Ideal-Delphi zu verzeichnen, die teilweise als Zugeständnis an die Pragmatik schlicht zu akzeptieren waren, die teilweise aber auch zu Korrekturen zwangen. Am Ende konnten wir unser Delphi als gelungene Veranstaltung verbuchen, obwohl der Anfang alles andere als „rund" verlaufen war.

6.1 Thema und Funktion des Gruppendelphis

Unser Forschungsthema genießt große mediale Präsenz: Zeitungen berichten regelmäßig darüber, in TV-Talkshows wird es zur besten Sendezeit erörtert, Politiker veranlasst es zur Ausarbeitung von Aktionsplänen und die Bundeswehr zur Sorge über die Fitness des Heeres. Es geht darum, dass es in Deutschland immer mehr Kinder und Jugendliche mit Übergewicht gibt. Doch nicht nur deren relativer Anteil steigt, auch das Ausmaß des Übergewichts sprengt den Rahmen des Bisherigen. Die Dicken werden immer dicker. Der Fachbegriff für diese extreme

---

[6] Unser besonderer Dank gilt Michael M. Zwick und Regina Schröter, die maßgeblich an der Vorbereitung und Durchführung des Gruppendelphis mitgewirkt haben.

Form des Übergewichts ist Adipositas. Vielen gilt dieser Trend nicht nur als besorgniserregend im Hinblick auf die Lebenschancen der übergewichtigen Person, die Entwicklung hat für viele eine Dimension erreicht, die sie von einem gesellschaftlichen Problem ersten Rangs sprechen lässt.

Die Ursachen und Wirkungen von Übergewicht und Adipositas sind komplex. Die Ursachenseite kann man zwar auf die einfache Formel der Disbalance zwischen Kalorienaufnahme und –verbrauch bringen, dahinter steht jedoch eine komplizierte Struktur interdependenter direkter und moderierender Faktoren. Sie reichen von der genetischen Veranlagung bis hin zur Bewerbung energiereicher Nahrungsmittel speziell für Kinder. Auch die Wirkungen des Übergewichts sind vielfältig. Sie reichen vom metabolischen Syndrom, von dem die übergewichtige Person selbst betroffen ist, bis hin zu den finanziellen Belastungen für das Gesundheitssystem.

Die Erkenntnisse zur Genese und zur Prävention korrelieren stark mit der disziplinären Perspektive, aus der sie erzielt werden. Ernährungswissenschaftler sehen die Ursachen vornehmlich in der Ernährung und plädieren dementsprechend für andere Essgewohnheiten. Für Sportwissenschaftler ist es die mangelnde Bewegung, für Genetiker liegt der Kern des Problems hauptsächlich im Erbgut begründet. Zielkonflikte stehen oftmals außerhalb des Blickfeldes empfohlener Präventionsmaßnahmen. So kann eine Diätempfehlung – rein theoretisch betrachtet – zwar wirksam sein, gleichzeitig jedoch inkompatibel zum enkulturierten und habitualisierten Speiseplan, so dass ein Widerspruch zwischen Diätempfehlung und kultureller Identität entsteht. Es bedarf also einer integrativen Sichtweise auf eine Vielzahl unterschiedlicher Faktoren und Wirkungen. Aus diesem Grund beauftragte das BMBF unsere interdisziplinär besetzte Forschungsgruppe mit der systemischen Analyse des Phänomens der juvenilen Adipositas. Titel des Projekts war „Übergewicht und Adipositas bei Kindern, Jugendlichen und jungen Erwachsenen als systemisches Risiko."[7]

Der Ansatz unseres Forschungsprojekts trug dieser „Vereinzelung" der Forschung in doppelter Weise Rechnung. Zum einen war das Team der wissenschaftlichen Forschung, der so genannte erste Arbeitskreis, disziplinär breit aufgestellt. Darin vertreten waren Epidemiologie, Physiologie, Soziologie, Psychologie, Philosophie, Betriebswirtschaft und Jura. Zum anderen gab es einen Arbeitskreis der Stakeholder, den so genannten zweiten Arbeitskreis, der mit Vertretern aus praxisrelevanten Bereichen besetzt war. Dazu gehörten beispielsweise Kin-

---

[7] Das Projekt wurde gefördert im Rahmen der sozial-ökologischen Forschung im Themenbereich Strategien zum Umgang mit systemischen Risiken. Förderkennzeichen 07VPS12.

derärzte, Krankenkassen, Verbraucherverbände, Lebensmittelbranche, Kredit-
wirtschaft und Gesundheitsbehörden. Die beiden Kreise operierten arbeitsteilig.
Die Aufgabe des ersten Kreises war die wissenschaftliche Analyse des Problems
und die Erarbeitung von Vorschlägen für die Prävention. Befunde und Vorschläge wurden kontinuierlich in den zweiten Kreis eingespeist, dort erörtert und mit
einem Kommentar an den Wissenschaftskreis zurückgegeben. Das Gruppendelphi fand im Rahmen dieses Austausches zwischen Wissenschaft und Praxis
statt. Teilnehmer des Delphis waren die Mitglieder des zweiten Arbeitskreises,
den zu erörternden Input lieferte der erste Arbeitskreis.

Bei der Konzeption dieser Projektstruktur musste ein praktikabler Kompromiss aus einer Reihe von Faktoren gefunden werden. Dem Wunsch nach einer
möglichst breiten Aufstellung der Arbeitskreise standen das begrenzte Projektbudget und der organisatorische Aufwand gegenüber. Gerade beim Thema der
juvenilen Adipositas und insbesondere wenn man das Thema systemisch er-
forscht, müssten weit mehr als 20 Experten eingeladen werden, wenn man wirk-
lich die ganze Bandbreite der damit assoziierten Bereiche abdecken will. Das
wäre aber kaum finanzier- und organisierbar. Wir wählten deshalb bei der Pro-
jektkonzeption die wichtigsten Bereiche aus, die dann im zweiten Arbeitskreis
und damit auch beim Gruppendelphi vertreten waren. Dem Wunsch nach einem
möglichst intensiven Austausch zwischen Wissenschaft und Praxis stand entgegen, dass Praxispartner erfahrungsgemäß zeitlich nur sehr begrenzt für ein Forschungsprojekt zur Verfügung stehen. Deren Alltagsgeschäft ist ein anderes. Dies
berücksichtigend wurden für unser Projekt vier eintägige Workshops des zweiten
Arbeitskreises konzipiert, wobei der dritte dem Gruppendelphi dienen sollte.
Zwei der Treffen fanden im zweiten Jahr der Projektlaufzeit statt, die beiden
anderen im dritten Jahr.

Auch bei der Konzeption des Delphis musste ein für alle Teilnehmer praktikabler Kompromiss gefunden werden. Idealer Weise steht für ein Delphi hinrei-
chend viel Zeit für den iterativen Prozess zur Verfügung. In unserem Praxisfall
war die Zeit knapp bemessen, es war nur ein eintägiges Treffen möglich. Einige
Teilnehmer hatten eine weite An- und Abreise nach Stuttgart, dem Ort der Veranstaltung, so dass der Beginn nicht früher als zehn Uhr, das Ende nicht später
als 16 Uhr sein konnte. Abzüglich der Pausen standen uns netto also nur fünf
Stunden zur Verfügung. Während wir aus den genannten Gründen bereit waren,
diese relativ kurze Dauer des Treffens als Zugeständnis an die Pragmatik zu
akzeptieren, wollten wir bei der Besetzung keine größeren Abweichungen zum
Ideal-Delphi hinnehmen. Es sollten möglichst alle im zweiten Projektkreis vertretenen Stakeholder teilnehmen, um eine große Bandbreite der Argumente zu er-

halten. Wie wir im folgenden Kapitel darstellen werden, konnten wir diese Vorgabe erst im zweiten Anlauf erfüllen.

6.2 Besetzung und Einladung

Eines der wichtigen Qualitätskriterien für die Methode des Gruppendelphis ist dessen Besetzung. Sind es nur eine Handvoll Personen, die zudem auch noch – bedingt durch ihre institutionelle Bindung – denselben Standpunkt vertreten, dann sollte man nicht von einem Delphi sprechen. Andererseits sind der Besetzung auch nach oben hin durch das Budget und das Handling der Gruppe Grenzen gesetzt. Innerhalb dieses Rahmens war es unser Ziel, dass jeder der im zweiten Kreis vertretenen Bereiche mit mindestens einem Vertreter am Delphi teilnimmt.

Diese Anwesenheit der Experten bei einem Workshop ist das Merkmal, das ein Gruppendelphi von der klassischen Delphi-Form unterscheidet. In Kapitel „Das Gruppendelphi: Konzept und Vorgehensweise (Schulz, Marlen; Renn, Ortwin)" wurden die daraus resultierenden Vorteile aufgeführt. Erwähnt werden muss aber auch ein damit in direktem Zusammenhang stehendes Problem. Denn gerade die Notwendigkeit der physischen Präsenz der Experten kann schon bei der Terminfindung zu Schwierigkeiten führen. Insbesondere namhafte Experten sind oft Monate im Voraus ausgebucht und mit Arbeit voll ausgelastet, so dass die Suche eines gemeinsamen Termins für eine Expertengruppe eine echte Herausforderung darstellt.

Der Termin unseres Delphi-Workshops wurde rund sechs Monate im Voraus bei einem Treffen des zweiten Arbeitskreises vereinbart. Sechs Wochen vor dem anberaumten Termin wurde die Einladung telefonisch und per E-Mail erneuert und nachgefragt, wer zum Workshop kommen kann. Ein Teil der Arbeitskreismitglieder bestätigte die Teilnahme, ein anderer Teil musste uns wegen zwischenzeitlich aufgelaufener Verpflichtungen eine Absage erteilen, ein weiterer Teil konnte sich noch nicht festlegen. Zwei Wochen vor dem vorgesehenen Termin lagen von den 16 eingeladenen Personen sechs Zusagen vor, sechs weitere Personen stellten ihre Teilnahme in Aussicht, allerdings mit einem „Fragezeichen" dahinter, vier Personen mussten ihre Teilnahme definitiv absagen. In dieser Situation entschlossen wir uns für die Verschiebung der Veranstaltung.

Es konnte ein neuer Termin gefunden werden, der zeitnah am ursprünglichen lag. Bei der Einladung dafür betonten wir stärker als zuvor die methodische Bedeutung eines vollzähligen Erscheinens des zweiten Kreises. Wir stellten es den Mitgliedern auch frei, eine Vertretung zum Delphi zu schicken, die die jeweiligen institutionellen Interessen vertritt. Nachdem wir die Voraussetzungen des Delphis etwas ausführlicher als zuvor dargestellt hatten und zudem unseren Qualitätsanspruch durch die Absage des ersten Termins untermauert hatten, konnten wir bei allen eine hohe Teilnahmemotivation erkennen. So sagten einige Mitglieder kurzfristig anderweitige Termine ab, um am Delphi teilzunehmen, andere bemühten sich, einen geeigneten Vertreter zu entsenden. Das Delphi konnte schließlich mit 13 Teilnehmern durchgeführt werden, womit auch alle im zweiten Kreis vertretenen institutionellen Sichtweisen repräsentiert waren.

6.3 Equipment und Räumlichkeiten

Bei wissenschaftlichen Veranstaltungen wie Tagungen und Workshops hat sich in Sachen Equipment ein Standard etabliert, so dass dieses Thema hier eigentlich keiner besonderen Erwähnung bedürfte. Laptop und Beamer gehören inzwischen zur Grundausstattung und so ist es durchaus möglich – wie bereits in Kapitel „Das Gruppendelphi: Konzept und Vorgehensweise (Schulz, Marlen; Renn, Ortwin)" ausgeführt – mittels dieser Geräte einen digitalen Fragebogen zu projizieren. Wenn wir dem Thema Equipment trotzdem ein Kapitel widmen, dann deshalb, weil unserer Erfahrung nach für ein Gruppendelphi weitere Geräte geeignet sind, die nicht zu diesem Standard gehören.

Wie in Kapitel „Das Gruppendelphi: Konzept und Vorgehensweise (Schulz, Marlen; Renn, Ortwin)" bereits ausführlich besprochen, kommt bei einem Gruppendelphi ein Fragebogen zum Einsatz, der von Runde zu Runde in einem Diskurs modifiziert wird. Für die technische Umsetzung dieser Modifikationen ist es unerlässlich, dass vor Ort ein Computer samt Drucker vorhanden ist. Die Fragebogen-Version der ersten Runde wird praktischer Weise als Basisdokument für die ersten Modifikationen verwendet. Die modifizierte Version sollte dann für möglichst jeden Teilnehmer ausgedruckt werden, sie ist die Grundlage der nächsten Kleingruppendiskussion. An dieser Stelle erwies sich der von uns eingesetzte Drucker als zu langsam, er produzierte die neuen Fragebögen nicht in der gewünschten Geschwindigkeit. Es drohten deshalb Verzögerungen im ohnehin schon engen Zeitplan. Im Sekretariat des Tagungshotels, in dem wir das Delphi durchführten, war glücklicher Weise ein Kopierer vorhanden. Es wurde uns gestattet, ihn für die Vervielfältigung des Fragebogens zu benutzen. So konnten wir ohne nennenswerte Verzögerungen mit einer ausreichenden Anzahl an Fragebögen in die nächste Runde starten.

Der Tageslichtprojektor erwies sich als nützlicher Helfer bei der Fragebogenauswertung. Voraussetzung dafür ist, dass die verschiedenen Versionen des Fragebogens jeweils als Foliensatz vorliegen. Die Skalenwerte der einzelnen Gruppen – in unserem Fall waren es vier – können dann farblich differenziert auf der Folie eingezeichnet werden. In den Diskussionsrunden werden die Folien auf die Leinwand projiziert und so auf einen Blick die unterschiedlichen Gruppenurteile ersichtlich. Zwar könnte man dies auch auf elektronischem Wege mittels PC/Laptop, Beamer und Präsentationssoftware realisieren, die Folienlösung erwies sich für uns aber als der wesentlich einfachere, zuverlässigere und praktischere Weg. Ein weiterer Vorteil der Verwendung von Folien ist der, dass die Ergebnispräsentation parallel zur Auswertung erfolgen kann. Diesen wollen wir weiter unten illustrieren.

Der Taschenrechner ist ein kleiner aber überaus nützlicher Helfer bei einem Gruppendelphi. Mit ihm lassen sich die Mittelwerte, die aus den Skalenwerten der Gruppen errechnet werden, schnell und zuverlässig ermitteln. Wie die Skalenwerte der Gruppen sollte auch der Mittelwert auf den Folien abgetragen werden. Dabei empfiehlt sich die Differenzierung der Gruppen nach Farbe (Gruppe rot, Gruppe blau, ...) sowie die Verwendung einer schwarzen Markierung für den Skalenmittelwert. Die Farben können bereits bei der Zuordnung der Teilnehmer zu Gruppen sinnvoll eingesetzt werden. Auf einem Flipchart werden dazu die Namen in der Farbe ihrer Gruppenzuordnung dargestellt.

Schließlich wollen wir auch noch auf das Aufnahme-Equipment hinweisen. Im Falle unseres Delphis wurden die Plenumsrunden mit Hilfe von drei Mikrophonen, eines kleinen Mischpults und eines Laptops mit entsprechender Software aufgezeichnet. Parallel dazu wurde ein knappes Verlaufsprotokoll geführt. Mithilfe des Mitschriebs konnten die Aussagen auf der Aufnahme bei der detaillierten Protokollerstellung den Personen sicher zugeordnet werden. Dieses Verfahren bietet den Vorteil, dass der Protokollant vor Ort von einer minutiösen Dokumentation des Gesagten entlastet wird.

Der Ort unseres Delphis war ein Stuttgarter Tagungshotel. Wir mieteten dort zwei Räume, wobei ein Raum dem Plenum und der andere der Gruppenarbeit diente. Mittels mobiler Trennwände grenzten wir die Arbeitsbereiche der vier Gruppen ab. Zunächst waren wir etwas skeptisch bezüglich der Geräuschentwicklung und ob vier Gruppen in einem Raum nebeneinander konzentriert arbeiten können. In der Praxis erwies sich diese Lösung aber als sehr brauchbar, zudem wurde das Projektbudget gegenüber der Anmietung von vier separaten Arbeitsräumen weniger belastet.

6.4 Materialien

Als inhaltlicher Ausgangspunkt des Delphis diente ein Arbeitspapier unseres Teammitglieds Michael Zwick mit dem Titel „Maßnahmen wider die juvenile Adipositas" (Zwick 2008). In diesem Aufsatz untersucht er aus hauptsächlich soziologischer Perspektive die Ursachen der juvenilen Adipositas und überprüft eine Vielzahl bestehender Präventionskonzepte auf deren Angemessenheit. Seine Analyse endet mit 14 Thesen, in denen Zwick seine Erkenntnisse auf den Punkt bringt und Konsequenzen für die Adipositasprävention und -therapie folgert. Dieser Arbeitsbericht wurde den Mitgliedern des zweiten Arbeitskreises zur Vorbereitung auf das Delphi zugeschickt. Außerdem wurde der Delphi-Fragebogen daraus abgeleitet. Anstelle der Vorab-Info mittels eines Aufsatzes wäre auch die Versendung des Fragebogens möglich gewesen, den sich die Teilnehmer dann schon vor dem eigentlichen Delphi hätten durchlesen können. Wir entschieden uns für den Aufsatz, weil er mehr Diskussionsstoff liefert als ein Fragebogen.

Die Zusammensetzung der Gruppen bestimmten wir bereits im Vorfeld. Dafür sprechen zwei Argumente. Zum einen kann nur so mit Sicherheit gewährleistet werden, dass Vertreter unterschiedlicher institutioneller Zugehörigkeit in einer Gruppe zusammenkommen und miteinander diskutieren. Zum anderen können so auch die unterschiedlichen Temperamente der Teilnehmer einander zugeordnet werden. Nicht empfehlenswert wäre es, wenn eine dominante Persönlichkeit mit eher defensiven Persönlichkeiten in einer Gruppe ist. Die Wahrscheinlichkeit wäre dann sehr groß, dass die Antworten des Fragebogens nicht das Votum der Gruppe widerspiegeln als vielmehr die Einstellungen der dominierenden Person.[8]

Ein Problem kann entstehen, wenn sich Teilnehmer verspäten. Staus auf der Autobahn, Flugausfälle oder verspätete Züge sind immer möglich. Je nach zeitlichem Umfang der Verspätung verpassen diese Personen den Vortrag zur Einführung in das Delphi oder sogar zusätzlich noch einen Teil der ersten Gruppenphase. Bei unserem Delphi war eine Störung bei der Bahn dafür verantwortlich, dass zwei Teilnehmer mit einer Stunde Verspätung eintrafen. Beide waren – wie es der Zufall so wollte – derselben Gruppe zugeordnet worden. Zu Beginn der Gruppenphase bestand diese deshalb aus nur einer Person, was uns zu einer kurzfristigen Änderung der Gruppenzuordnung veranlasste. Auf solche Eventualitäten

---

[8] Die Berücksichtigung der Persönlichkeit bzw. des Temperaments ist natürlich nur möglich, wenn man die Teilnehmer schon kennt und diesbezüglich einschätzen kann. Ansonsten kann der professionelle Status ein Anhaltspunkt sein. So kann es wenig sinnvoll sein, eine wissenschaftliche Nachwuchskraft mit einer patriarchal auftretenden Koryphäe in dieselbe Gruppe zu bringen.

sollte man flexibel reagieren können. Von Vorteil ist es auch, wenn man Teilnehmern, die sich verspätet haben, eine Kurzeinführung in das Delphi und ihre Aufgabe geben kann. Man sollte sich dafür bereits in der Vorbereitung einige Sätze zurechtlegen.

6.5 Fragebogen

Für die inhaltliche Gestaltung des Fragebogens legten wir das Arbeitspapier von Michael Zwick zugrunde. Wie dessen thesenhaft zugespitzte Erkenntnisse in den Fragebogen überführt wurden, wollen wir an einem Beispiel zeigen. Dem stellen wir einige eher technische Informationen zum Basisfragebogen der ersten Runde und den verwendeten Frage- und Skalentypen voran.

Der Fragebogen umfasste insgesamt zehn Fragen, die in neun Fragebatterien und einer relativ umfangreichen offenen Frage aufgeteilt waren (vgl. Auszug aus dem Fragebogen Adipositas (Gruppendelphi)). Jede Fragebatterie war übersichtlich auf einer DIN4-Seite untergebracht. Bei sieben Fragebatterien kamen zehnstufige Ratingskalen zum Einsatz, zwei Fragebatterien enthielten nominale Antwortvorgaben, bei denen Mehrfachantworten zugelassen waren und zudem noch eine offene Antwort eingetragen werden konnte. Bei zwei Fragebatterien erfragten wir zusätzlich die Sicherheit des Urteils. Ansonsten verzichteten wir mit Rücksicht auf die Bearbeitungszeit auf diese Frage. Bei der Einstiegsfrage listeten wir zehn gesellschaftliche Probleme auf (z.B. Arbeitslosigkeit, Jugendgewalt, Übergewicht und Adipositas bei Kindern und Jugendlichen) und baten die Experten ihr Urteil darüber abzugeben, für wie gravierend sie diese Probleme jeweils halten (jeweils zehnstufige Ratingskala pro Item). Die nachfolgenden Fragebatterien bezogen sich auf die von Zwick vorgeschlagenen Maßnahmen für Prävention und Therapie. Da die Präventionsmaßnahmen andere sind als die Therapiemaßnahmen, wurden diese in einer jeweils eigenen Fragebatterie abgefragt. Dabei wurden neun Präventions- und fünf Therapiemaßnahmen aufgeführt, wobei in einer je eigenen Fragebatterie nach Sinnhaftigkeit, Umsetzbarkeit, Effektivität und Verantwortung gefragt wurde. Wir wollen dies am Beispiel einer Präventionsmaßnahme verdeutlichen.

Zwick fordert in seinem Papier: „Diese Präventionsmaßnahmen sind auf gesellschaftlicher Ebene zu komplementieren durch Maßnahmen, die, falls Versuche der ‚soft regulation' mit Industrie und Handel nicht greifen sollten, ordnungspolitisch durchzusetzen sind: Die symbolisch klare und unmittelbar verständliche Kennzeichnung von besonders energiereichen Lebensmitteln entsprechend dem britischen Ampelmodell und das Verbot von (irreführender) Werbung für (Kinder-) Nahrungsmittel." (Zwick 2008: 64) Zwick fordert also, dass Nahrungsmittel – unter bestimmten Umständen – entsprechend ihrer Energiedichte mit farbigen Punkten gekennzeichnet werden sollten. Er plädiert für ein Modell, das in England bereits etabliert wurde und auch in Deutschland als Option gehandelt wird. Auf Seiten der Ernährungsbranche stößt die Forderung nach dem so genannten Ampelmodell auf Ablehnung. Dem gegenüber plädieren die deutschen Verbraucherverbände dafür. Beide Interessengruppen, Lebensmittelbranche und Verbraucherverbände, waren bei unserem Delphi vertreten.

Wir überführten die Forderung nach dem Ampelmodell in eines von neun Items einer Fragebatterie, die der Sinnhaftigkeit dieser Maßnahmen gewidmet war: „Für wie sinnvoll halten Sie die Umsetzung der genannten Maßnahmen zur Prävention von Übergewicht und Adipositas bei Kindern und Jugendlichen? ... Durchsetzung einer leicht verständlichen Kennzeichnung von Lebensmitteln entsprechend dem britischen Ampel-System." Die Antwortskala reichte von 1 (gar nicht sinnvoll) bis 10 (sehr sinnvoll). Diese Fragebatterie zielte also auf die *Sinnhaftigkeit* verschiedener Präventionsmaßnahmen. In einer weiteren Fragebatterie stellten wir die *Effektivität* dieser neun Präventionsmaßnahmen zur Disposition.[9] In einer dritten Fragebatterie fragten wir nach deren *Umsetzbarkeit* der neun Präventionsmaßnahmen[10]. Diese drei Fragebatterien unterschieden sich also in der abgefragten Dimension (Sinnhaftigkeit, Effektivität, Umsetzbarkeit), konstant blieben die abgefragten Maßnahmen und die zehnstufige Ratingskala. Schließlich fragten wir mittels einer weiteren Fragebatterie danach, wer sich für die Durchführung dieser Maßnahmen verantwortlich zeigen soll. Hier funktionierte die Ratingskala nicht mehr, es wurden nominalskalierte Antwortvorgaben gemacht und Mehrfachantworten zugelassen[11].

Die den Fragebogen abschließende offene Frage bezog sich auf elf Gesellschaftsbereiche und ihren möglichen Beitrag, um dem Problem der Adipositas von Kindern und Jugendlichen adäquat zu begegnen.

---

[9] Im Wortlaut: „Für wie effektiv halten Sie die Umsetzung der genannten Maßnahmen zur Prävention von Übergewicht und Adipositas bei Kindern und Jugendlichen? ... Durchsetzung einer leicht verständlichen Kennzeichnung von Lebensmitteln entsprechend dem britischen Ampel-System."
[10] Im Wortlaut: „In wieweit sind die Präventionsmaßnahmen umsetzbar? ... Durchsetzung einer leicht verständlichen Kennzeichnung von Lebensmitteln entsprechend dem britischen Ampel-System."
[11] Im Wortlaut: „Wer sollte in erster Linie die Verantwortung für die Durchführung der jeweiligen Präventionsmaßnahmen übernehmen? ... Durchsetzung einer leicht verständlichen Kennzeichnung von Lebensmitteln entsprechend dem britischen Ampel-System." Die Antwortvorgaben waren: „Bund, Länder, Kommunen, Industrie, Wohlfahrtsverbände, Krankenkassen/versicherungen, niemand, Wer sonst?"

Der limitierende Faktor bei der Fragebogengestaltung war die für das Delphi zur Verfügung stehende Zeit. Während im Ideal-Delphi der Zeitplan der Bearbeitungszeit für den Fragebogen angepasst wird, funktioniert es in der Praxis in der Regel nur in die andere Richtung: Die Länge und Gestalt des Fragebogens wird dem Zeitbudget angepasst. Für die Gestaltung und Länge unseres Fragebogens bedeutete dies, dass er in einer Stunde zu bearbeiten sein musste. Bearbeiten bedeutet im Falle des Gruppendelphis nicht nur das schlichte Ausfüllen, sondern vielmehr das Erörtern der Antwort in einer Arbeitsgruppe von drei bis vier Personen, die aus unterschiedlichen institutionellen Lagern kommen. Diesem Umstand muss letztlich auch der Umfang des Fragebogens und dessen konzeptionelle Gestaltung Tribut zollen. Die Länge betreffend hieß dies in unserem Fall, dass wir mit neun Fragebatterien arbeiteten, die zwischen fünf und neun Items umfassten. Der gestalterische Aspekt kam durch die Variation der Hauptdimensionen bei gleich bleibenden Items zum Ausdruck. Durch diese gestalterische Maßnahme wurde der Fragebogen schneller bearbeitbar.

6.6 Ablauf

Unsere Delphi-Veranstaltung startete um 10 Uhr und endete um 16 Uhr (vgl. Abbildung 19). Von der zur Verfügung stehenden Zeit wurde für die Mittagspause und zwei Kaffeepausen eine Stunde reserviert. Für die Durchführung des Delphi-Verfahrens standen also fünf Stunden zur Verfügung, die wir in fünf Blöcke unterteilten.

Die erste Stunde diente der Begrüßung der Teilnehmer, der Klärung organisatorischer Fragen, der Einführung in die Delphi-Methode sowie einem Impulsvortrag (erster Block). Daran schloss die erste Runde der Gruppenarbeit an (zweiter Block). Auch dafür war eine Stunde vorgesehen. Während die Delphi-Teilnehmer zusammen mit dem Moderator danach in die Mittagspause entlassen wurden, machten sich zwei Mitarbeiter daran, die Fragebögen auszuwerten und die Ergebnisse auf die vorbereiteten Folien zu übertragen, dies nahm ca. 30 Minuten in Anspruch. Nach der Mittagspause erfolgte die Vorstellung und Erörterung der Ergebnisse im Plenum (dritter Block). Entsprechend den Richtlinien der Delphi-Methode wurden dabei insbesondere jene Items angesprochen, bei denen große Differenzen zwischen den Gruppen festzustellen waren. Allerdings verzichteten wir auf die Berechung von Varianzen. Dazu war zeitlich kaum die Möglichkeit gegeben und zudem erschien uns die rein optische Identifizierung besprechenswerter Gruppenunterschiede als ausreichend. Entsprechend den Vorgaben des Gruppendelphiprinzips forderte der Moderator die Extremgruppen zur inhaltlichen Begründung ihrer Urteile auf. Die sich entwickelnde Diskussion wurde relativ straff moderiert und zielführend mit einem Konsensvorschlag abgeschlossen. Steht mehr Zeit zur Verfügung, kann der Moderator den diskursiven Prozess mit lockeren Zügeln führen und dadurch eventuell noch mehr Argumente hervorbringen. Insgesamt wäre dies für unser Gruppendelphi allerdings kontraproduktiv gewesen, wenn in der zur Verfügung stehenden Zeit einige Punkte zwar extensiv, andere dafür aber gar nicht hätten besprochen werden können.

Parallel zur Arbeit des Moderators modifizierte ein Mitarbeiter den Fragebogen entsprechend den Verhandlungsergebnissen. Diese Modifikationen wurden den Teilnehmern mittels Laptop und Beamer zeitgleich zum Entstehen präsentiert, so dass diese prompt Widerspruch einlegen konnten, wenn die Modifikation nicht in ihrem Sinne war. An diese erste Plenumsrunde schloss eine Kaffeepause an. Parallel dazu wurde der überarbeitete Fragebogen für alle Teilnehmer vervielfältigt und außerdem noch ein Foliensatz davon erstellt. Es folgte die zweite Gruppenarbeitsphase, wobei sich die Gruppen entsprechend unserer Vorgaben in neuen Zusammensetzungen formierten (vierter Block). Da der modifizierte Fragebogen kürzer war als die erste Version und da er in den Item-Aussagen konsensfähiger war, konnte diese Phase mit einer Dauer von 45 Minuten veranschlagt werden. Während einer kurzen Kaffeepause, die diesem Block folgte, machten sich zwei Mitarbeiter an die Auswertung der Fragebögen und die Übertragung der Gruppenskalenwerte auf die Folien. Nachdem die erste Folie erstellt war, konnte der Moderator die zweite Plenumsrunde eröffnen (fünfter Block), in dem er, wie bereits bei der ersten Plenumsrunde, die Ergebnisse mittels Folien und Overheadprojektor präsentierte. Nach der ersten Gruppenarbeitsphase konnte die Auswertung noch während der Mittagspause erfolgen, nach der zweiten Gruppenrunde war jedoch keine längere Unterbrechung mehr möglich, so dass Moderation und Auswertung simultan erfolgten. Nach Abschluss des fünften Blocks konnte die Delphi-Veranstaltung pünktlich beendet werden.

Während den Gruppenphasen sollten die Delphi-Teilnehmer möglichst ungestört von den Organisatoren arbeiten können. Gleichwohl sollten diese aber diskrete Präsenz zeigen. Die Gruppen sollten beispielsweise hin und wieder auf die verbleibende Zeit aufmerksam gemacht werden, denn es kann durchaus sein, dass sich eine Gruppe an einer der ersten Fragen „festbeißt" und darüber die Zeit vergisst. Insbesondere wenn der Zeitplan der Delphi-Veranstaltung eng ist, sollten die Gruppen zu einer zügigen Bearbeitung des Fragebogens ermuntert werden. Diese Vorgabe gilt aber auch für den Moderator. Auch er muss auf ein relativ zügiges Vorankommen im Plenum achten. Es ist dann nicht möglich, jeden Aspekt ausufernd zu diskutieren. Dies kann man mit einem weinenden und mit einem lachenden Auge sehen. Denn oftmals verlaufen diese Diskussionen ums Detail zwischen wenigen Personen, während die Mehrzahl der Teilnehmer mental abschaltet. Demgegenüber kann ein enger Zeitplan die Konzentration auf das Wesentliche erhöhen.

6.7 Nachbereitung

Zunächst fertigten wir aus dem Vor-Ort-Protokoll und der Audio-Aufnahme ein komplettes Verlaufsprotokoll an. Außerdem wurden die Skalenwerte und die Antworten der offenen Fragen von den Folien auf zwei digitale Fragebögen übertragen. Die beiden Fragebogenversionen entsprechen den beiden Stufen des Delphi-Diskurses. Aus diesen drei Dokumenten – Protokoll, Basisfragebogen und modifizierter Fragebogen – fertigten wir zwei Dokumentationen an. Für die Mitglieder des zweiten Arbeitskreises schrieben wir ein knappes Ergebnisprotokoll, das die Teilnehmer aber auch diejenigen, die nicht am Delphi teilnehmen konnten, über die Ergebnisse informierte. Für die eigentliche Auswertung, die neben den Fragebogenurteilen auch die Argumentation des Diskurses umfasste, wurde ein ausführlicher Bericht verfasst. Dabei gingen wir rein deskriptiv vor. Eine komplexere statistische Auswertung schien uns nicht angemessen zu sein, stattdessen erachten wir es als sinnvoll, Fragebogenurteile und die dafür im Diskurs genannten Argumente in einen nachvollziehbaren Zusammenhang zu stellen. Das Ziel des Delphi-Verfahrens ist es, Konsens und Dissens in den Expertenurteilen und deren Begründung zu erfassen. Das Abschlussdokument sollte in seiner Gestaltung diesem Ziel dienen.

6.8 Resümee

In der Darstellung unseres Fallbeispiels verfolgten wir bewusst die Kontrastierung zwischen Ideal-Delphi und der Delphi-Praxis. Während in der Idealvorstellung beispielsweise die ganze Bandbreite eines Themas durch Experten abgedeckt wird und die Experten zudem jederzeit für ein Delphi zur Verfügung stehen, ist dies in der Praxis ein kritisches Moment. Natürlich wünscht man sich auch bei Tagungen und Workshops, dass die eingeladenen Experten teilnehmen, ganz besonders wichtig ist das aber bei einem Gruppendelphi. Im Gegensatz zum klassischen Delphi ist beim Gruppendelphi diesbezüglich ein größerer Aufwand der Koordination und Motivation notwendig. Auch bei der Durchführung des Delphis sind besondere Vorkehrungen für den reibungslosen Ablauf zu treffen. Dazu gehört leistungsfähiges Equipment zur Modifikation und zum Druck der Fragebögen. Aber auch das Zusammenspiel zwischen Moderation und Auswertung bedarf der Abstimmung. Hierzu haben wir unsere jeweiligen Erfahrungen geschildert.

Es wäre vermessen, zu erwarten, dass mit Hilfe des Delphis leicht ein Konsens hergestellt werden kann. Für die Erarbeitung eines konsensfähigen Kompromisses ist nicht nur die grundsätzliche Motivation der beteiligten Parteien notwendig, sondern auch, dass ausreichend Zeit zur Erarbeitung einer Lösung vorhanden ist. Letzteres wird wohl bei kaum einem Delphi der Fall sein. Der Wert, den das Adipositas-Delphi für unsere Forschung hatte, schöpfte sich deshalb aus einem weniger hochgesteckten Ziel. Wir konnten mit Hilfe unseres Delphis für einige der thematisierten Maßnahmen zur Adipositasprävention und – therapie die Bedingungen ausloten, unter denen sie für unsere Praxispartner des zweiten Kreises sinnvoll, effektiv und umsetzbar sind. Das im Kapitel zum Fragebogen dargestellte Beispiel des Ampelmodells hatte in unserer Delphi-Runde ebenso Befürworter wie Kritiker. Beide Seiten konnten sich schließlich darauf einigen, dass eine Lebensmittelkennzeichnung sinnvoll, effektiv und umsetzbar ist, die einfach und für jedermann verständlich ist, wobei diese Lösung nicht so unübersichtlich sein solle, wie die von der Industrie vorgeschlagene, aber auch nicht so simpel wie das Ampelmodell. Es war in unserem Delphi nicht die Zeit dafür, diese alternative Kennzeichnung weiter zu spezifizieren, aber immerhin konnten für einige Maßnahmen – wie im Falle des Ampelmodells – Voraussetzungen identifiziert werden, wie aus bestehendem Dissens Konsens werden kann.

7 Der Einsatz des Delphiverfahrens zur Identifikation von Indikatoren zur Messung sozialer Effekte von Stromerzeugungstechnologien in Europa
(Gallego Carrera, Diana)

Das interdisziplinär ausgerichtete Projekt „NEEDS" (New Energy Externalities Development for Sustainability) wird von der Europäischen Kommission im Rahmen des 6. EU-Forschungsrahmenprogramms gefördert und hat eine Laufzeit von insgesamt 4 Jahren (2004 bis 2008)[12]. Das Projekt hat es sich zum Ziel gesetzt, die direkten und indirekten Effekte von gegenwärtigen und zukünftigen Energiesystemen zu bewerten und zu analysieren. Aus der Bewertung abgeleitet, sollen sodann in einem weiteren Verfahrensschritt politische Strategien zur Energieerzeugung formuliert werden, welche unter Berücksichtigung des Nachhaltigkeitspostulats sowohl ökologisch, ökonomisch als auch sozial verträglich sind. Diese Empfehlungen werden für die Europäische Union als ganzes sowie für einzelne, ausgewählte Länder der Europäischen Union erarbeitet.

Zur vollständigen Bewertung von Energiesystemeffekten ist es wichtig, dass man neben den ökonomischen und ökologischen Auswirkungen auch die sozialen Belange berücksichtigt. Der interdisziplinäre Forschungsschwerpunkt Risiko und Nachhaltige Technikentwicklung (ZIRN) am internationalen Zentrum für Kultur- und Technikforschung der Universität Stuttgart hat im Rahmen des NEEDS Projektes diese Aufgabe übernommen. Hierzu wurden in einem umfassenden Maße soziale Indikatoren[13] zur Messung sozialer Effekte von Energiesystemen entwickelt und auf einem Delphi-Workshop verschiedenen Interessensvertretern, die sich mit Energie relevanten Themen befassen, vorgelegt[14]. Die Diskussion der Indikatoren mit Stakeholdern ist expliziter Bestandteil des NEEDS

---

[12] Ausführliche Informationen zum NEEDS-Projekt unter www.needs-project.org

[13] Indikatoren sollen in diesem Kontext in Anlehnung an die Definition der OECD verstanden werden. Diese besagt, dass Indikatoren messbare und beobachtbare Sachverhalte sind. Vgl. z.B. OECD 1994: 9 oder OECD 1998: 107

[14] Die ausführliche Beschreibung der Indikatorenentwicklung im NEEDS Projekt kann nachgelesen werden unter: Brukmajster et al. 2007: Energy technology roadmap and stakeholders' perspective: Establishment of social criteria for energy systems. Stuttgarter Beiträge zur Risiko- und Nachhaltigkeitsforschung. Vol. 6, Stuttgart

Projektes und wird im Rahmen des Forschungsstranges 2b „Energy technology roadmap and stakeholder perspectives" vollzogen.

Die Entwicklung der sozialen Indikatoren im NEEDS Projekt wurde von folgenden drei Kriterien geleitet:

1. Die Indikatoren sollten sich für die Bewertung von Zukunftstechnologien eignen,
2. die Indikatoren sollten (inter)nationale Prozesse abbilden und nicht an spezifische Standortausprägungen gebunden sein,
3. die Indikatoren sollten zwischen verschiedenen Energietechnologien diskriminieren.

Auf der Grundlage dieser Auswahlkriterien wurde vom wissenschaftlichen Team ein erstes, vorläufiges Set an Indikatoren zur Messung sozialer Effekte von Energiesystemen entwickelt. Die Auswahl der endgültig im NEEDS Projekt eingesetzten Indikatoren erfolgte danach in einem mehrstufigen Verfahren durch die Selektionsprozesse der Stakeholder. Hierzu wurde in einem ersten Schritt ein Fragebogen zur Bewertung der Indikatoren verschickt und in einem zweiten Schritt, aufbauend auf den Umfrageresultaten ein Stakeholder-Delphi-Workshop veranstaltet.

7.1 Der Individualfragebogen

Der Fragebogen mit dem Titel „Social criteria and indicators for the measurement of external social effects of energy systems" richtete sich an unterschiedliche Akteure, die sich aktiv mit dem Thema „Energie" befassen. Verschickt wurde der Fragebogen an Vertreter der Industrie (Energieunternehmen, Gewerkschaften), der Wissenschaft, der Politik, d.h. Entscheidungsinstanzen auf nationaler und internationaler Ebene sowie an Umweltschutzgruppen. Bei der Auswahl dieser Akteure wurde darauf geachtet, dass sie möglichst vielseitig das Interessensspektrum in der Energiedebatte abbilden und dass sie Vertreter unterschiedlicher europäischer Länder repräsentieren. Die Auswahl des zu befragenden Personenkreises erfolgte zum einen mittels Literaturrecherchen und Datenbankenanalysen, zum anderen anhand des „Schneeballsystems". Hierzu wurden die Mitglieder des NEEDS Forschungsstranges 2b „Energy *technology roadmap and stakeholders perspectiv*" um die Nennung von Personen gebeten, die aus ihrer Sicht relevante Stakeholder in der Europäischen Energiedebatte darstellen. Unter Zusammenwirkung dieser zwei Faktoren, Literaturrecherche und Schneeballsystem, wurden schließlich im November 2005, 52 Stakeholder europaweit angefragt den Fragebogen für die sozialen Indikatoren zur Messung von Energiesystemeffekten auszufüllen. Die Interessensvertreter sollten hierbei folgende vier Aufgaben übernehmen:

1. Bewertung der dargestellten Indikatoren hinsichtlich ihrer Eignung zur Messung sozialer Effekte von Energiesystemen.
2. Einstufung der subjektiven Sicherheit bei der Vergabe der Voten zu den einzelnen Indikatoren.
3. Übernahme eines Rankings der fünf wichtigsten bzw. unwichtigsten Indikatoren zur Bewertung von Energiesystemen.
4. Auflistung von fehlenden Indikatoren.

Im Einzelnen folgte der Fragebogen nachstehendem Aufbau: Der erste Abschnitt des Fragebogens befasste sich mit der Ermittlung von relevanten sozialen Kriterien, d.h. den Indikatoren übergeordneten Themenbereichen. Hier sollte angegeben werden ob die ausgewählten Kriterien zur Bewertung von Energiesystemen notwendig sind und ob sie in das finale Set an Kriterien und Indikatoren aufgenommen werden sollten oder nicht (vgl.
Auszug aus dem Fragebogen NEEDS im Anhang). Die von den Interessensvertretern zu beantwortende Frage lautete:

> „Do you think that the criterion ...xy... is **absolutely necessary/rather necessary/ rather not necessary/absolutely not necessary** for the measurement of social effects of energy systems and should be **included/not included** in the final set of criteria?"

Die stringente Zuordnung zu den Kategorien „notwendig/nicht notwendig" wurde auf Grund der Zielsetzung der Befragung, nämlich der Findung eines durch Stakeholder getragenen Indikatorensets eingefügt. Die für viele Befragungen übliche Antwortkategorie „Weiss nicht" wäre für dieses Vorhaben nicht zielführend gewesen und wurde daher weggelassen um die Befragten zu einer Positionierung anzuhalten. Nach jeder Bewertung eines Kriteriums wurde sodann die Nachfrage angeschlossen, ob sich der Beurteiler in seinem Votum sicher ist oder nicht. Hierbei lautete die Formulierung wie folgt:

> „how confident do you feel about your response?" „absolute confident, rather confident, rather not confident, absolutely confident".

Die Urteilssicherheitsfrage diente als Filter. Kriterienentscheidungen, die von einer Mehrzahl der Befragten unter großer Unsicherheit getroffen wurden, sollten in dem anschließenden Delphi-Workshop diskutiert und erneut beurteilt werden. Insofern fand durch die Befragung ein doppelter Selektionsprozess statt: zum einen wurden durch die Befragung diejenigen Kriterien selektiert, die als nicht notwendig zur Erfassung von sozialen Effekten bei Energiesystemen erachtet wurden und zum anderen diejenigen Kriterien, bei welchen große Unsicherheiten in der Bewertung vorherrschten. Abschließend wurde im Fragebogen bei der Beurteilung von Kriterien danach gefragt, welche fünf Kriterien nach Ansicht des Betrachters definitiv zur Bewertung von sozialen Effekten von Energiesystemen hinzugezogen werden sollten. Für diese Selektion wurde mittels einer offenen Abfrage um eine kurze Begründung der Auswahl gebeten.

In einem zweiten Themenblock der Umfrage wurden die Befragten dazu angehalten die gleiche Auswahl- und Selektionsleistung, die sie im ersten Abschnitt der Befragung für die Kriterien vorgenommen hatten, auf Indikatoren anzuwenden. Die Reihenfolge der Abfrage entsprach der des vorausgegangenen Abschnitts: Zuerst wurde nach der Notwendigkeit der Einbindung eines spezifischen Indikators in das finale Indikatorenset gefragt, dann wurde die Urteilssicherheit bei der Vergabe des Votums abgefragt und schließlich ein Ranking bezüglich der subjektiv wahrgenommenen wichtigsten bzw. unwichtigsten Indikatoren vorgenommen.

Der letzte Abschnitt des Fragebogens befasste sich sodann mit einigen demografischen und personenbezogenen Faktoren, wie etwa der Frage nach dem Geschlecht oder der Zuordnung zur Interessensgruppierung, die der Befragte repräsentiert. Im Anschluss an diesen demografischen Themenblock wurde die Gelegenheit für eine Kommentierung des Fragebogens gegeben sowie nach dem potentiellen Interesse des Befragten zur Teilnahme am Delphiverfahren gefragt.

Der Delphi-Workshop sollte drei Monate nach der Befragung, am 23. und 24. Januar 2006 in Brüssel stattfinden. Da nicht davon ausgegangen werden konnte, dass alle Befragten mit dem Verfahren eines Delphis vertraut waren, wurde eine einseitige Kurzbeschreibung des Delphi-Ablaufs an den Fragebogen angefügt. Durch die frühzeitige Anfrage der Stakeholder sollte einem eventuellen Terminkonflikt mit anderen Veranstaltungen vorgebeugt werden. Weiterhin wurde davon ausgegangen, dass eine direkt in der Befragung implizierte Anfrage zur Delphi-Teilnahme das Interesse an der Partizipation steigern könnte.

Zur Beantwortung des Fragebogens wurde den Stakeholdern sechs Wochen Zeit einberaumt, ehe sie den Fragebogen an das Forscherteam zurückschicken sollten. Die Responserate der Gesamtumfrage betrug 75% (39 Personen von 52 angefragten füllten den Fragebogen aus) und fielen damit sehr zufriedenstellend aus. Für die Teilnahme am Delphi-Workshop konnten 11 Personen gewonnen werden.

7.2 Die Organisation des Delphi-Workshops

Die Delphi-Veranstaltung wurde als 1,5tägige Veranstaltung veranschlagt. Sie begann am 23. Januar 2006 um 14 Uhr und endete um 16 Uhr am darauf folgenden Tag (vgl. Abbildung 20). Die Überlegung, den Workshop zweitägig zu gestalten fußte auf folgenden Annahmen:

1. Der Workshop fand in Brüssel statt. Eine jeweilige An- und Abreise am Mittag bzw. Nachmittag wurde als gut organisierbar erachtet.
2. Das Delphiverfahren sollte ein finales Set an Indikatoren zur Messung sozialer Energiesystemeffekte erbringen, welches konsensual von allen anwesenden Stakeholdern getragen werden sollte. Der Abstimmungs- und Diskussionsbedarf wurde somit als hoch eingestuft. Es wurde daher darauf geachtet, dass genügend Zeit für Diskussionen vorhanden war.
3. Den informellen Treffen wurde ein hoher Stellenwert zugesprochen. Informelle Treffen, wie etwa ein gemeinsames Abendessen oder ein gemeinsames Frühstück dienen der gegenseitigen Sympathie- und Vertrauensbildung. Diskussionen können somit in einer angenehmeren Atmosphäre geführt und Misstrauen oder Hemmnisse können abgebaut werden.

Die Auswahl Brüssels als Tagungsort erfolgte, da für das NEEDS-Delphi Stakeholder aus ganz Europa eingeladen wurden. Brüssel erschien dem Wissenschaftlerteam als gut erreichbare und relativ zentrale Stadt. Für die Durchführung des Delphis wurde ein zentral gelegenes Hotel ausgewählt. Somit konnten die Teilnehmer des Delphiverfahrens in dem Hotel übernachten, in welchem auch der Delphi-Workshop stattfinden sollte. Auch das wissenschaftliche Team der Universität Stuttgart sowie eine extra für die Moderation engagierte Moderatorin der gemeinnützigen Gesellschaft für Kommunikations- und Kooperationsforschung mbH (DIALOGIK) bezogen ihre Quartiere in diesem Tagungshotel.

Die Auswahl der Delphi-Teilnehmer erfolgte über Selbstselektion. Jeder, der in der Befragung angekreuzt hatte, dass er potentielle an der Teilnahme am Workshop interessiert wäre, wurde eingeladen. Für alle Delphi-Teilnehmer wurden die Reisekosten sowie die Verpflegungs- und Übernachtungskosten übernommen. Insgesamt nahmen 11 Stakeholder an der Delphi-Veranstaltung teil. Diese Stakeholder gehörten folgenden Interessensgruppierungen an:

Gewerkschaft (1), nationale und internationale Politikebene (3), Umweltschutzorganisation (2), Energieunternehmen (1), sonstige Wirtschaftsvertreter (2), Wissenschaft (2). Durch die breite Streuung des Teilnehmerkreises konnte die Wahrung verschiedener Stakeholderinteressen gesichert werden. Ziel war es nun diese differierenden Interessen mit Hilfe der Delphi-Methode und einer professionellen Moderation zu einem Konsens hinsichtlich der Auswahl von relevanten Kriterien und Indikatoren zur Messung von sozialen Effekten von Energiesystemen zu führen.

7.3 Ablauf des Delphiverfahrens

Der Ablauf des Delphiverfahrens richtete sich nach der gängigen Gruppendelphi-Methode, so wie sie auch im Einführungstext dieses Buches beschrieben wird. Im Detail betrachtet, gestaltete sich der Ablauf wie folgt[15]:

Nach Eintreffen der Delphi-Teilnehmer wurde der Workshop mit einer Begrüßung- und Vorstellungsrunde begonnen. Das Wissenschaftlerteam der Universität Stuttgart hieß alle Teilnehmer herzlich Willkommen und informierte sie über den Ablauf und das Ziel des Workshops sowie über die organisatorischen Arrangements. Dann wurde die Delphi-Methode an sich erklärt. Die Delphi-Methode mag in einigen wissenschaftlichen Kreisen eine gängige Form der Interessensvermittlung sein, für Stakeholder ist sie jedoch vielfach neu und ungewohnt. Die Vorstellung, mit unterschiedlichsten Akteuren via Kleingruppenarbeit und Plenardiskussion zu einer inhaltlichen Übereinstimmung oder aber zumindest zu einem Konsens über den Dissens zu gelangen, mutet im ersten Augenblick oftmals fremd an. Aus diesem Grund wurde für die Erläuterung der Methode sowie für eventuelle Rückfragen viel Zeit veranschlagt. Circa eine Stunde wurde hierfür eingeplant. Nach dieser Einführungsrunde wurden die wichtigsten Ergebnisse der europaweiten Umfrage, an welcher ja auch die Teilnehmer mitgewirkt hatten, vorgestellt und diskutiert. Die für das Delphi relevanten Ergebnisse der Umfrage können wie folgt kurz dargestellt werden:

Auf die Frage, welche fünf Kriterien nach Ansicht der Stakeholder *auf jeden Fall* in das finale Set an Kriterien zur Bewertung von sozialen Effekten von Ener-

---

[15] Eine Agenda zum Ablauf des NEEDS Delphi-Workshops kann im Anhang eingesehen werden.

giesystemen aufgenommen werden sollten, wurden von der Mehrheit der Befragten folgende Kriterien ausgewählt:

1. Continuity of energy service over time
2. Availability of energy system on demand
3. Energy reserves and resources
4. Waste management
5. Citizens' acceptance of an energy system

Die Umfrageresultate zur finalen Indikatorenauswahl gestalteten sich demgegenüber wie folgt:

1. Mortality due to normal operation of an energy system
2. Potential of conflicts induced by energy systems that may endanger the cohesion of society
3. Need of reserve capacity
4. Share of the effective electricity costs in a social welfare receiver's budget
5. Flexibility of systems to react to market changes, in particular sudden fuel price fluctuations.

Die Auswertung der „Unsicherheitsskala" im Fragebogen erbrachte für das Wissenschaftlerteam eine Überraschung. Die befragten Akteure waren sich bei der Vergabe ihrer Voten zumeist sehr sicher, Unsicherheitsurteile traten nur sehr vereinzelt auf. Somit musste der Delphi-Prozess umstrukturiert werden. Im Gegensatz zur ursprünglichen Planung, dass diejenigen Kriterien und Indikatoren im Delphiverfahren diskutiert werden, die mit der größten Unsicherheit behaftet sind, wurde nun auf die Auswahl der fünf wichtigsten bzw. unwichtigsten Indikatoren und Kriterien zurückgegriffen. Der Fokus des Delphi-Workshop lag daher nicht mehr auf der Unsicherheitsskala, so wie es für ein gewöhnliches Gruppendelphi-Verfahren üblich gewesen wäre, sondern auf Selektionsprozessen. Diese Umorientierung im Prozess ist jedoch nicht als Abkehr vom üblichen Gruppendelphi zu beurteilen, denn der Grundanspruch eines Delphi-Verfahrens, nämlich der Austausch von divergierenden Argumenten und das Anstreben von Konsensfindung bei unterschiedlichen Interessenslagen, wird gewahrt.

Die Vorstellung der wesentlichen Ergebnisse der schriftlichen Befragung sowie die anschließende Diskussion dieser Ergebnisse fungierte als Startpunkt für den thematischen Zugang im Delphi. Die Diskussion der Ergebnisse wurde mit circa 10 Minuten relativ kurz gefasst, da zügig die erste Gruppenarbeit einberufen werden sollte.

Für die Gruppenarbeit galt es nun drei Kleingruppen mit jeweils drei bis vier Personen zu bilden. Die Aufgabe der Kleingruppen war es, innerhalb von einer Stunde in einem nicht moderierten Kreis die vorgestellten präferierten *Kriterien* aus der Befragung nochmals hinsichtlich ihrer Eignung für das finale Set zur Messung sozialer Effekte von Energiesystemen zu beurteilen. Die Gruppenteilnehmer wurden darüber hinaus dazu aufgefordert eventuell fehlende Kriterien zu benennen. Bei der Zuordnung der Gruppenteilnehmer wurde bewusst darauf geachtet, dass Akteure mit unterschiedlichen Interessen gemeinsam agierten. Wenn von einer Interessensgruppe mehrere Personen anwesend waren (z.B. Umweltschutzgruppen) so wurden diese auf divergierende Kleingruppen aufgeteilt. Die Kleingruppen wurden sodann in separate Räume geführt, wo sie ungestört diskutieren konnten. Ihre Diskussionsergebnisse sollten sie auf Flipcharts festhalten. Ziel war es, in der Kleingruppe einen Konsens zur Kriterienauswahl zu erzielen, Minderheitsvoten waren daher nicht erwünscht[16]. Für die Kleingruppenarbeiten wurden den Teilnehmern zwei Informationen als Grundlage mitgegeben: zum einen schrieb man ihnen auf die Flipcharts das Kriterienergebnis aus der Individualumfrage auf. Hier galt es zu diskutieren ob die Gruppe tatsächlich bei diesem finalen Set aus der Individualumfrage bleiben möchte oder nicht. Zum anderen wurden ergänzend die Fragebögen der Individualbefragung ausgeteilt. Eine Veränderung oder Neufassung der Fragebögen wurde nicht vorgenommen, da die Fragebögen den Partizipanten eine möglichst umfassende Auswahl an geeigneten Kriterien bieten sollten. Die Fragebögen wurden dann hinzugezogen, wenn sich die Kleingruppen mit den ausgewählten Kriterien aus der schriftlichen Umfrage nicht zufrieden zeigten. In diesem Fall diente der Fragebogen als „Fundgrube" für weitere zu beachtende Kriterien. Auch die Hinzufügung völlig neuer Kriterien, die nicht im Fragebogen erschienen oder eine Umbenennung der Kriterien war prinzipiell möglich.

Nach der Kleingruppendiskussion gab es eine Kaffeepause für die Interessensvertreter. Das Wissenschaftlerteam nutze diese Pause um die Ergebnisse der drei Kleingruppen miteinander zu vergleichen und zu interpretieren. Anschließend stellte jeweils ein Repräsentant der Kleingruppen die Ergebnisse im Plenum vor. Danach wurde eine Plenardiskussion zu den gruppenspezifisch ausgewählten Kriterien durchgeführt. Wie erwartet, streuten die ausgewählten Kriterien der

---

[16] Minderheitsvoten erschienen dem Forscherteam nicht zielführend in Bezug auf die konsensuale Auswahl eines Indikatoren- und Kriteriensets und hätten den Abstimmungsprozess verzögert.

Kleingruppen nach dieser ersten Sitzung relativ stark. Die Plenardiskussion verhalf jedoch zum Argumentationsaustausch und führte so zu gegenseitigem Verständnis für die Auswahl bzw. Nicht-Wahl eines Kriteriums.

Nach dem Argumentationsaustausch sowie einer angeregten Diskussion galt es eine zweite Runde der Kriterienselektion einzuberufen. Abermals wurden die Teilnehmer in Kleingruppen aufgeteilt, dieses Mal jedoch in neuer Konstellation. Dies bedeutet, dass die Zusammensetzung der Kleingruppen bewusst verändert wurde, um auf diese Weise neue Impulse für die Kleingruppenarbeiten zu setzen. Zur Diskussion standen nun die zuvor in der ersten Runde der Gruppenarbeit ausgewählten Kriterien. Die Phase der Kleingruppenarbeit wurde wieder auf etwa eine Stunde angesetzt. Der Ablauf war gleich strukturiert wie in der ersten Runde. Die anschließende Plenardiskussion wurde aufgrund der fortgeschrittenen Zeit auf den darauffolgenden Tag verlegt.

Am nächsten Morgen startete der Delphi-Workshop mit der Plenardiskussion zu den ausgewählten Kriterien. Anhand der auf den Flipcharts festgehaltenen Resultate der Kleingruppen, konnte gut an den vorangegangenen Tag angeknüpft werden. Die Workshopteilnehmer diskutierten nun im Plenum über die finale Auswahl der Kriterien. Eine weitere Kleingruppenarbeitsrunde zur Kriterienauswahl wurde nicht verfolgt, da der zweite Workshoptag primär der Indikatorenauswahl und nicht mehr den Kriterien gewidmet werden sollte. Darüber hinaus war das Delphi-Team nach einen ersten gemeinsamen Workshoptag bereits gut eingespielt und konnte sich zügig auf die finale Auswahl an Kriterien einigen. Somit gelang die Festlegung der Kriterien im Plenum mit einem von allen Beteiligten getragenen Konsens. Allerdings musste die vom Forscherteam ursprünglich festgelegte Anzahl von fünf „absolut notwendigen" Kriterien um eins erweitert werden, so dass sich die Interessengruppen auf insgesamt sechs Kriterien zur Messung sozialer Effekte von Energiesystemen einigten. Diese Kriterien können wie folgt benannt werden:

1. Continuity of energy service over time
2. Flexibility and adaptation of energy systems
3. Institutionalised participatory decision making processes
4. Objective risk assessment
5. Socially compatible development
6. Social and environmental amenities

Die Zielsetzung des zweiten Delphi-Workshoptages war es nun, **Indikatoren** zu finden, die nach Ansicht der Akteure unabdingbar für die Messung sozialer Effekte von Energiesystemen waren. Da als Resultat des ersten Delphi-Tages eine Liste relevanter Kriterien vorlag, wurde nun die Maßnahme ausgegeben, dass die noch auszuwählenden Indikatoren zu den bereits vorliegenden Kriterien passen sollten[17]. Die Auswahl der Indikatoren erfolgte nun jedoch nicht mehr wie ursprünglich vorgesehen in rotierenden Kleingruppen sondern im Plenum. Dies war der ausdrückliche Wunsch der Delphi-Teilnehmer. Die Gründe hierfür mögen vielfältig gewesen sein: zum einen ist anzumerken, dass zwei der Delphi-Teilnehmer aufgrund von Zeitproblemen bereits nach dem ersten Workshoptag wieder abreisen mussten. Die Gruppengröße schrumpfte somit auf 9 Personen. Eine Aufteilung in Kleingruppen wäre nach wie vor zwar möglich gewesen (3 x 3 Personen) jedoch musste bei dieser geringen Teilnehmerzahl damit gerechnet werden, dass kaum noch neue Argumente in den Gruppen ausgetauscht werden. Kleingruppenarbeiten können somit also recht mühselig werden. Weiterhin kann als Grund angeführt werden, dass sich die Stakeholder trotz ihrer unterschiedlichen Grundpositionierung im bisherigen Workshopverlauf relativ leicht auf gemeinsame Voten einigen konnte. Der Ablauf: Kleingruppe, Plenum, Kleingruppe etc. mag daher aus Sicht der Teilnehmer nicht notwendig gewesen sein, da das Plenum leicht genug den Zugang zu einem Konsens bot.

Somit unterschied sich also der Ablauf des zweiten Tages gravierend von den Vorgängen des ersten Workshoptages. Die Auswahl der Indikatoren erfolgte direkt in der Plenardiskussion und orientierte sich an der Vorlage der Kriterien. Die Indikatordiskussion wurde lediglich durch eine Kaffeepause sowie ein gemeinsames Mittagessen unterbrochen. Den Teilnehmern des Workshops gelang es sich auf gemeinsam getragene Indikatoren zu einigen. Zugeordnet zu den zuvor ausgewählten Kriterien ergab sich daher folgendes Ergebnis:

---

[17] Das Verfahren war somit ein zweistufiges Verfahren. In einem ersten Schritt wurden die Kriterien ausgewählt. Dies erfolgte am ersten Workshoptag. In einem zweiten Schritt wurden nun die dazugehörigen Indikatoren ausgewählt. Dies erfolgte am zweiten Workshoptag. Es ging am zweiten Workshoptag also nicht darum allgemein gültige Indikatoren zur Messung sozialer Effekte von Energiesystemen zu ermitteln sondern darum, zu den ausgewählten Kriterien passende Indikatoren zu ermitteln.

Tabelle 2: Auswahl der Kriterien und Indikatoren im Delphi

Criterion	Indicator
Continuity of energy systems over time	Reliability of energy supply (short + long term perspectives, internal aspect)
	Vulnerability of energy systems (short + long term perspectives; external aspect)
Flexibility and adaptation of energy systems	Flexibility to incorporate new technologies
Institutionalised participatory decision making processes	Conflicts induced by energy systems
	Citizens' perception of risks and benefits
Objective risk assessment	Morbidity due to normal operation
	Effects of catastrophic events
Socially compatible development	Technology specific job opportunities
	Share of electricity costs for low income households
Social and environmental amenities	Land use caused by the energy system
	Probability of the timely availability of decomissing and waste management
	Population affected by emissions of energy systems

Der Delphi-Workshop endete am frühen Nachmittag sowohl mit einem Konsens in der Auswahl der Kriterien als auch in der Auswahl der Indikatoren.

7.4 Resümee (Methodische Reflexion / Kritik)

Die von den Stakeholdern präferierten Indikatoren und Kriterien wurden vom Forscherteam für den weiteren Verlauf des NEEDS Projektes genutzt. Somit konnte eine direkte Projektanbindung der Workshopresultate erzielt werden.

Positiv am Delphi-Prozess im NEEDS Projekt hervorzuheben sind folgende Aspekte:

1. Der für das Delphiverfahren eingesetzte Fragebogen erzielte einen hohen Rücklauf. Die Gründe hierfür mögen verschieden sein. Zum einen kann davon ausgegangen werden, dass alle angeschriebenen Personen aufgrund ihres Berufes bzw. ihrer Gruppenzugehörigkeit an der Thematik stark interessiert waren. Zum anderen wurden in dem Fragebogen primär Präferenzen abgefragt. Eine Einstu-

fung der persönlichen Einstellungen zu spezifischen Indikatoren und Kriterien kann von diesem speziell angeschriebenen Personenkreis leicht vorgenommen werden. Somit gab es keine Barrieren der Teilnahme aufgrund von Wissensdefiziten oder anderen Anforderungen.

2. Die frühzeitige Abfrage der potentiellen Teilnahmebereitschaft am Workshop durch die vorab Versendung des Fragebogens hat sich bewährt. Auf diese Weise konnten zügig Teilnehmer für den Workshop gewonnen werden.

3. Die Kopplung von Tagungsort und -hotel erscheint für internationale Veranstaltungen von Vorteil. Die Workshop Teilnehmer konnten durch diese Verknüpfung wichtige Zeitressourcen einsparen und mussten nicht zwischen Hotel und Tagungsort hin und her pendeln. Weiterhin ist hervorzuheben, dass es durch diese Tagungskonstellation viel Raum für ein gegenseitiges Kennenlernen der Workshopteilnehmer außerhalb des Workshops gab. Gespräche beim Frühstück oder Abendessen halfen den Teilnehmern sich gegenseitig kennenzulernen und Hemmnisse abzubauen.

4. Der Tagungsort an sich war für die Belange eines Delphis gut ausgestattet. Die Verfügbarkeit mehrerer Räume für Plenar- und Kleingruppendiskussion sowie die Flexibilität in Bezug auf Pausenarrangements kam dem Verfahren sehr entgegen. Ebenfalls von großem Vorteil war die technische Ausstattung vor Ort: Flipcharts und Buntstifte galten als unentbehrlich für die Gruppenarbeit, der zur Verfügung gestellte Beamer wurde für Präsentationen benötigt.

5. Sowohl für die Individualbefragung als auch für den Delphi-Workshop wurde der gleiche Fragebogen genutzt. Dies ist eine Abweichung vom üblichen Verfahren, welche sich aus der Nichtdiskriminierung der Unsicherheitsurteile ergab. Da der Fragebogen eine große Auswahl an Kriterien und Indikatoren bot, ging das Projektteam davon aus, dass eine Änderung des Fragebogens für den Workshop nicht notwendig sei. Für das NEEDS-Delphi war die doppelte Anwendung des Fragebogens nicht mit Problemen behaftet, dennoch erscheint eine Anpassung des Fragebogens an den Workshop prinzipiell von Vorteil. So hätte man z.B. im NEEDS-Delphi lediglich eine Liste mit Kriterien und Indikatoren als Diskussionsgrundlage austeilen können um den gleichen Effekt (nämlich eine breite Auswahlbasis zu haben) zu erzielen. Im Fragebogen selbst hätten für den Workshop die offenen Abfragen sowie die Fragen zu den Urteilssicherheiten rausgestrichen werden können. Für die Kleingruppenarbeiten stellten sie zwar kein

Hindernis dar, dennoch waren sie für das Vorhaben des Workshops kaum mehr als unnötige Platzhalter.

6. Die Aufgabenstellung und Zielsetzung des NEEDS Delphis war wohl überlegt. Weder gelangte man in Zeitnot noch hatten die Teilnehmer ein Gefühl der Überforderung. Die Aufgabenstellung war also gut handelbar und praktikabel. Generell sollte bei der Aufgabenstellung für einen Delphi-Workshop auf drei Dinge geachtet werden:

1. Die Aufgabenstellung muss für die Kompetenzen der Workshopteilnehmer angemessen sein. Viel Zeit kostet es, wenn die Workshopteilnehmer erst noch in das Thema eingeführt werden müssen. Qualifizierte Aussagen sind dann kaum zu erwarten und es kann leicht zu einer kognitiven Überforderung der Teilnehmer kommen.
2. Die Aufgabenstellung sollte praktikabel sein. Die geringe Zeitschiene, welche üblicherweise für die Durchführung eines Delphi-Workshops zur Verfügung steht, muss gut genutzt werden. Weder darf die Aufgabe so formuliert sein, dass sie innerhalb der zur Verfügung stehenden Zeit nicht gelöst werden kann noch sollte sie zum „Zeit totschlagen" verleiten. Eine richtige Mischung aus Anspruch und Durchführbarkeit gilt es daher zu Wahren.
3. Die Aufgabenstellung sollte zielgerichtet sein. Den Workshopteilnehmern sollte von Beginn an klar gesagt werden, was von Ihnen auf dem Workshop erwartet wird und was nicht. Diese Zielgerichtetheit gibt eine Leitlinie vor und bietet auch dem Projektteam während der Durchführung des Workshops eine Orientierung im Sinne von: „wo steh ich und wo will ich hin?"

Obwohl die Teilnehmer im Delphiverfahren sehr unterschiedliche Interessen vertraten, gelang es dennoch einen inhaltlichen Konsens im NEEDS Delphi zu erzielen. Dies ist nicht selbstverständlich, wenn man Interessensvertreter, die unterschiedliche Positionen vertreten, zusammenführt. Die Gründe für die Einigung bei der Auswahl der Kriterien und Indikatoren mögen in der Aufgabenstellung selbst liegen. Ging es doch im Delphiverfahren nicht um das Präferieren eines spezifischen Energiesystems sondern ausschließlich um die Wahl eines Bewertungsrasters für soziale Energiesystemeffekte. Welche Technologie aufgrund des Rasters besser oder schlechter abschneidet, liegt somit nicht in der Hand der Stakeholder. Weder beziehen sie selbst Stellung zu einer Technologie noch geben sie die empirischen Daten zur Erhebung der Kriterien und Indikatoren vor. Ergänzend dürfte es für die Teilnehmer von Vorteil gewesen sein, dass ausschließlich soziale Kriterien und Indikatoren ausgewählt wurden. Somit musste keine Selektions- und Abwägungsleistung zwischen ökonomischen, ökologischen und sozialen Gesichtspunkten vorgenommen werden. Eine Einigung innerhalb solch eines klar vorgegebenen Rahmens erscheint daher wenig überraschend.

Neben all diesen positiven Aspekten gab es auch im NEEDS Delphi einige Sachverhalte, die nicht optimal gelöst werden konnten. Dies fängt bereits bei der Ansetzung des Workshops auf zwei Tage an. Dachte das Wissenschaftlerteam zu Beginn der Delphi-Organisation noch, dass diese Aufteilung für die An- und Abreise besonders günstig sei, so stellte sich im Nachhinein heraus, dass genau hierin ein Hindernis zur Teilnahme bestand. Vielen Interessenvertretern war es schlichtweg nicht möglich für zwei Tage ihrem Arbeitsplatz fern zu bleiben. Aus diesem Grund wird empfohlen, die zu investierende Zeit für Stakeholder möglichst gering zu halten und Workshops eher auf einen anstatt auf zwei Tage anzusetzen. Auch die Auswahl Brüssels für einen Stakeholderworkshop sollte wohl überlegt sein. Will man einen angemessenen Standard in einem Hotel erhalten, so muss das Budget entsprechend hoch angesetzt werden. In anderen Städten kann dieser Standard sicherlich auch mit einer geringeren Budgetierung erreicht werden.

Neben diesen organisatorischen Belangen muss ebenfalls der eingesetzte Fragebogen teilweise kritisiert werden. Die gängige Praxis im Gruppendelphi - die Behandlung von Fragen mit hoher Urteilsunsicherheit- konnte für das NEEDS Delphi nicht angewendet werden. Zumeist herrschte eine hohe Sicherheit bei der Bewertung der Indikatoren und Kriterien vor, so dass also hierbei keinerlei zu diskutierenden Fragen aufgeworfen wurden. Selbstverständlich bot der Fragebogen dennoch genügend andere interessante Anknüpfungspunkte, aber die Abweichung von der gängigen Praxis sollte zumindest erwähnt werden. Die im Delphi geführten Diskussionen zur Auswahl der Indikatoren und Kriterien waren geprägt durch ein hohes Maß an Engagement und Konsensbereitschaft. Dies war von großem Vorteil für die Atmosphäre innerhalb des Delphis, führte jedoch auch dazu, dass man sich nicht länger „genötigt" sah in Kleingruppen zu arbeiten. Lieber wollte man im Plenum diskutieren und sich austauschen. Da selbstverständlich das Ziel des Workshops, nämlich die Findung eines finalen Sets an Kriterien und Indikatoren zur Messung von sozialen Energiesystemeffekten, im Vordergrund stand, war dies kein Problem, jedoch soll auch hier darauf hingewiesen werden, dass dies eine Abweichung zum klassischen Gruppendelphi-Verfahren darstellt. Wägt man die negativen Aspekte gegen die positiven ab, so überwiegt insgesamt betrachtet ein positives Urteil zum NEEDS Delphiverfahren. Insbesondere zur Erreichung des Projektzieles, nämlich zur Messung von Energiesystemeffekten, durch ein Bewertungssystem, welches von Stakeholdern getragen wird, hat das Delphiverfahren einen hohen Beitrag geleistet. Es ist fraglich ob ein Konsens seitens der Stakeholder mit einer anderen Methode ebenfalls hätte erreicht werden können.

8 Die Anwendung des Delphiverfahrens zur Messung sozialer Indikatoren zur Bewertung der Nachhaltigkeit von Stromerzeugungstechnologien in der Schweiz (Gallego Carrera, Diana)

Sowohl auf nationaler als auch auf internationaler politischer Ebene, ist der Aspekt der Nachhaltigkeit ein zentrales Element. Die Verfolgung der Nachhaltigkeit, dass heißt die Bedürfnisbefriedigung der gegenwärtigen Generation ohne negative Einflussnahme auf zukünftige Generationen, wird in so unterschiedlichen Bereichen, wie etwa der Lebensmittelbranche, der Wald- und Forstwirtschaft oder dem Energiesektor angestrebt. Das Projekt „Die Identifizierung und Messung von sozialen Indikatoren zur Nachhaltigkeit von ausgewählten Systemen der Stromerzeugung in der Schweiz"[18] knüpft hierbei an den Energiesektor an. Ausgangsbasis für das Projekt war die Annahme, dass der Schweiz in naher Zukunft ein Stromversorgungsengpass droht, welchen es zu vermeiden gilt. Die Schweiz sieht sich gegenwärtig auf dem Strommarkt mit vielen Herausforderungen konfrontiert: bezieht sie momentan noch Strom aus Frankreich, so laufen hier die ersten Lieferverträge im Jahr 2018 aus. Im Jahr 2020 endet zusätzlich die Betriebsdauer einiger Kernkraftwerke, der lange Zeit fokussierte Ausbau von Stauseen gelangt an seine Grenzen und dies alles bei gleichzeitig steigendem pro Kopf Energiebedarf.[19] In dieser Situation stellt sich nun also die Frage, wie die zukünftige Stromversorgung in der Schweiz sichergestellt werden kann und auch ob es mögliche Stromimportoptionen gibt, ohne das Postulat der Nachhaltigen Entwicklung zu verletzen?

Zur Beantwortung dieser Fragen wurden von einem interdisziplinären Projektteam Nachhaltigkeitsindikatoren zur Bewertung von Stromerzeugungstechnologien aufgestellt und erhoben. Diese Indikatoren sollten eine Entscheidungsgrundlage für eine zukünftige Auswahl von Stromversorgungstechnologien

---

[18] Das Projekt hatte eine Laufzeit von 2005 bis 2006 und wurde von einem Schweizer Energieunternehmen, der Axpo Holding AG gefördert. Nähere Informationen zum Projekt unter: http://www.dialogik-expert.de/de/forschung/sustain.swiss.htm

[19] Weiterführende Informationen zur Stromversorgungssituation in der Schweiz z.B. in Axpo 2006: Stromperspektiven 2020. Axpo Holding AG / Wahl, Stefanie 2007: Konflikherd Energie. In: IWG Trends. (Institut für Wirtschaft und Gesellschaft Bonn e.V.)

bieten, die sowohl eine ökologisch als auch ökonomisch und sozial nachhaltige Energieversorgung berücksichtigt. Die Erhebung der Indikatoren erfolgte für zwei Referenzzeitpunkte: zum einen für einen Zeitpunkt in der Vergangenheit, dies war das Jahr 2000 zum anderen für einen Zeitpunkt in der Zukunft. Hierfür wurde das Jahr 2030 ausgewählt. Für die Zeitspanne zwischen diesen beiden Zeitpunkten wurden die Daten mittels Interpolation generiert. Die Entwicklung und Erhebung von Indikatoren zur Messung der sozialen Effekte von Stromerzeugungstechnologien, wurde hierbei von der Gemeinnützigen Gesellschaft für Kommunikations- und Kooperationsforschung mbH (DIALOGIK) übernommen. Es galt die sozialen Effekte von folgenden 18 Beispieltechnologien zu ermitteln:

- Kernkraftwerk (Druckwasserreaktor) (ein Fallbeispiel aus der Schweiz sowie ein Beispiel aus Frankreich)
- Speicher- und Laufwasserkraftwerk (Schweiz)
- Steinkohledampfkraftwerk (Deutschland)
- Grundlast-Kombikraftwerk mit Erdgasfeuerung (ein Beispiel aus der Schweiz sowie ein Beispiel aus Italien)
- Mittellast-Kombikraftwerk mit Erdgasfeuerung (Schweiz)
- Motor-Blockheizkraftwerk mit synthetischem Gas aus Holzgasmethanisierung (Schweiz)
- Motor-Biogas-Blockheizkraftwerk mit SCR Katalysator (Schweiz)
- Motor-Biogas-Blockheizkraftwerk mit NSCR Katalysator (Schweiz)
- Erdgas Festoxid-Brennstoffzelle mit Wärme-Kraft-Kopplung (Schweiz)
- Windkraftanlage Onshore (ein Beispiel aus der Schweiz sowie ein Beispiel aus Deutschland)
- Windkraftanlage Offshore (Dänemark)
- Geothermisches Kraftwerk (Schweiz)
- Photovoltaikanlagen (eine Beispielanlage mit kristallinem und eine mit amorphem Silizium)

Die Beispieltechnologien bilden ein breites Spektrum an potentiell einsetzbaren Stromerzeugungstechnologien ab. Es wurde hierbei darauf geachtet, dass die Technologien entweder bereits bestehen oder aber eine möglichst realistische d.h. eine in der Schweiz potentiell einsetzbare Technologie bzw. als Importoption zu nutzende Technologie, ausgewählt wurde. Hatte man nun diese Technologiegrundlage, so konnte das Projektteam damit beginnen, die Indikatoren zur Messung der ökonomischen, ökologischen und sozialen Nachhaltigkeitseffekte zu erstellen.

Zur Bewertung der sozialen Effekte von Stromerzeugungstechnologien, wurden insgesamt 46 Indikatoren ausgewählt.[20] Die Erhebung dieser Indikatoren erfolgte primär mittels Literaturrecherchen und/oder Telefonumfragen, 20 Indikatoren wurden jedoch auch über ein Experten-Delphi-Verfahren ermittelt. Hierzu wurde in einem ersten Schritt ein Fragebogen zur Bewertung der Indikatoren verschickt und in einem zweiten Schritt, aufbauend auf den Umfrageresultaten, ein Experten-Delphi-Workshop veranstaltet.

8.1 Der Individualfragebogen

Der Individualfragebogen zur Bewertung sozialer Effekte von Stromerzeugungstechnologien wurde ausgewählten Experten zur schriftlichen Einschätzung der Indikatoren auf dem Postweg zugesandt. Die beteiligten Personen zeichneten sich in ihrer Expertise dadurch aus, dass sie sich hauptberuflich mit Effekten von Stromerzeugungstechnologien befassten. Basierend auf diesem Auswahlkriterium wurden sowohl Deutsche als auch Schweizer Wissenschaftler sowie zwei Medienvertreter um das Ausfüllen des Fragebogens gebeten. Der Fragebogen fokussierte vielfach auf die Beantwortung von Einstellungs- und Einschätzungsfragen seitens der Bevölkerung. Da eine repräsentative Bevölkerungsumfrage zur Beantwortung dieser Fragen aus finanziellen sowie zeitlich knapp bemessenen Ressourcen nicht durchgeführt werden konnte, hoffte man hierbei auf die Expertise der Wissenschaftler um die Einstellungsfragen indirekt zu erheben. Es wurden bewusst solche Personen für das Delphiverfahren angefragt, welche bereits selbst einmal entsprechende Umfragen durchgeführt hatten oder sich in einer anderen Form mit technikbezogenen Einstellungen der Bevölkerung beschäftigen. Obgleich alle angefragten Personen aufgrund ihrer beruflichen Tätigkeit ein umfangreiches Wissen in diesem Bereich aufwiesen, wurde ihnen dennoch ein hohes Maß an kognitiver Kompetenz abverlangt: so sollten sie nicht nur indirekt Voten für die Einstellung der Bevölkerung zu 18 divergierenden Technologien abgeben sondern auch noch ihre Angaben für zwei Zeitpunkte, für die Jahre 2000 und 2030 festlegen (vgl. Auszug aus dem Fragebogen „Gesellschaftliche Aspekte

---

[20] Die Erstellung der Indikatoren richtete sich zum einen nach verfügbaren Indikatoren aus Literaturrecherchen, zum anderen wurde in Anlehnung an Parsons AGIL-Schema eine systemtheoretische Perspektive eingenommen, welche eine möglichst umfassende Bewertung von Technologien erlauben sollte. Vgl. zum AGIL Schema: Parsons, T. 1966: Economy and Society. A study in the integration of economic and social theory. Routhledge and Paul. London

der Nachhaltigkeit von Stromerzeugungsanlagen"). Die Fragen, die an die Experten via Fragebogen gestellt wurden, untergliederten sich in vier Themenblöcke:

1. Der erste Teil des Fragebogens, befasste sich explizit mit der Wahrnehmung der Bevölkerung in Bezug auf eine Technologie sowie den Anlagenbetreiber. Fragen, die unter diesen Themenblock fielen, waren z.B.: „Wie hoch schätzen Sie die wahrgenommene Kompetenz hinsichtlich des sicheren Betriebes der Energieanlagen ein, die dem Betreiber typischerweise seitens der Anwohner zugeschrieben wird?" *oder* „Für wie glaubwürdig werden die Betreiber von Energieanlagen Ihrer Einschätzung nach typischerweise seitens der Anwohner wahrgenommen"?

2. Das zweite Themenfeld widmete sich der Frage der sozialverträglichen Entwicklung sowie der Beurteilung administrativer Prozesse. Die zu beantwortenden Fragen in dieser Rubrik lauteten z.B.: „Energieanlagen werden unterschiedliche Nutzenaspekte zugeschrieben. Was glauben Sie, für wie fair halten die Anwohner von Energieanlagen, die Verteilung von Nutzen und Risiken der Anlagen für sich persönlich?" *oder* „Wie hoch schätzen Sie die Zusatzkosten pro erzeugte Strommenge ein, welche durch behördliche Unsicherheiten bei Genehmigung, Bau und Betrieb einer Energieanlage entstehen können?"

3. Die dritte Sparte des Fragebogens beinhaltete Fragen zu technologischen Auswirkungen auf die Siedlungs- und Landschaftsqualität am Standort eines Energiesystems. Fragen, die in dieser Rubrik subsumiert wurden, waren z.B. die Frage nach der Wahrnehmung von ästhetischer Beeinträchtigung durch eine Energieanlage oder der Aspekt der wahrgenommenen Lärmbelästigung seitens der Anwohner.

4. Der vierte Abschnitt des Fragebogens befasste sich mit den sozialen Auswirkungen von Risiken. Typische Fragen, die unter diesen Bereich fielen, waren z.B.: „Wie hoch stufen Sie die Wahrnehmung von Störfallrisiken von Energieanlagen seitens der betroffenen Anwohner ein?" *oder* „Wie schätzen Sie die Wahrnehmung der Anwohner bezüglich der Eindämmbarkeit von Störfallauswirkungen von Energieanlagen ein?"

Alle Antwortvorgaben wurden pro Technologie entweder in Prozentangaben oder aber mittels Ordinalskalenniveau angegeben. Insofern ging es bei der Bewertung der Technologien stets um ein abgestuftes Bewertungsverfahren (niedrigere oder höhere Anzahl an Prozentpunkten, höheres oder geringeres Skalenniveau). Die Befragten wurden weiterhin dazu angehalten, bei der Bewertung einer

Technologie, die gesamte Brennstoffkette zu betrachten. Dies bedeutete eine Beachtung der Komponenten Brennstoffgewinnung, -aufbereitung, -transport, Kraftwerk und gegebenenfalls Abfallbehandlung bzw. Endlagerung. Fiel die Beantwortung der einzelnen Fragen für die jeweiligen Komponenten unterschiedlich aus, so wurden die Experten darum gebeten, die Komponente zu beurteilen, für welche die Einschätzung der Technologie am ungünstigsten war. Die Betrachtung der Systemkette wurde hierbei auf die Europäische Union und ihre 25 Mitgliedsländer zuzüglich der Schweiz begrenzt. Diese Vorgaben mögen im ersten Augenblick verwirrend wirken, führten jedoch dazu, dass alle Technologien an der gleichen Schnittstelle bewertet wurden: nämlich am negativsten Punkt der Systemkette. Ohne diese Vorgabe wäre eine Vergleichbarkeit der Resultate nicht möglich gewesen.

Zum Abschluss wurde für jede Frage im Fragebogen die Urteilssicherheit abgefragt. Diese Abfrage erfolgte nicht pro Technologie sondern ausschließlich pro „Frage" und pro „Jahr". Ein typischer Aufbau der einzelnen Frageblöcke wurde somit folgendermaßen gestaltet:

1. Fragestellung
2. Technologiebewertung für zwei Zeitpunkte
3. Urteilssicherheitsabfrage

Im Detail sah dies wie folgt aus:

Energieanlagen werden unterschiedliche Nutzenaspekte und Risiken zugeschrieben. Was glauben Sie, für wie fair halten die Anwohner von Energieanlagen, die Verteilung von Nutzen und Risiken der Anlage für sich persönlich?

Bitte tragen Sie für jede Technologie eine Zahl zwischen 0 und 3 ein. Hierbei steht die Ziffer 3 für die Einschätzung einer nicht fairen Verteilung von Risiken und Nutzenaspekten der Energieanlagen und der Wert 0 für eine faire Verteilung von Risiken und Nutzenaspekten.

Ich glaube, dass die Anwohner von Energieanlagen die Verteilung von Risiken und Nutzen für sich persönlich wie folgt beurteilen ...

	Kern-KW Druckwasser Uran Schweiz	Kern-KW Druckwasser Uran Frankreich	Wasser-KW Speicher >10 MWel Schweiz	Wasser-KW Laufwasser >10 MWel Schweiz	Dampf-KW Steinkohle Deutschland	Kombi-KW Grundlast Erdgas Schweiz
Jahr 2000						
Jahr 2030						

	Sehr sicher	Eher sicher	Eher nicht sicher	Absolut nicht sicher
Wie sicher fühlen Sie sich bei der Beantwortung dieser Frage für das Jahr 2000?	☐	☐	☐	☐
Wie sicher fühlen Sie sich bei der Beantwortung dieser Frage für das Jahr 2030?	☐	☐	☐	☐

Der Fragebogen wurde Anfang Januar 2006 an 20 ausgewählte Personen verschickt. Dem Fragebogen beigefügt, war ein Anschreiben, welches darüber informierte, dass die Ergebnisse dieser Befragung die Grundlage für einen Expertendelphi-Workshop in Stuttgart bilden sollten. Für das Ausfüllen der Fragebögen wurde den Experten vier Wochen Zeit zugesichert, danach sollten sie ihre Antworten mittels des beigefügten frankierten Rückumschlags an das Wissenschaftlerteam zur Auswertung, zurücksenden. Von 20 versendeten Fragebögen, erhielt das Wissenschaftlerteam 13 ausgefüllte Fragebögen zurück. Diejenigen Personen, die den Fragebogen nicht ausfüllten gaben i.d.R. als Grund an, dass Sie sich nicht kompetent genug fühlten um den Fragebogen adäquat auszufüllen.

8.2 Ausgewählte Ergebnisse der Individualbefragung als Grundlage für den Expertendelphi-Workshop

Für die Diskussion im Delphi-Workshopverfahren wurden die Fragen und Technologien aus der schriftlichen Befragung ausgewählt, bei welchen die Standardabweichungen in der Individualbefragung hoch waren und sich die Experten bei der Antwortvergabe durch hohe Urteilsunsicherheiten auszeichneten.

Für das Delphiverfahren wurden auf dieser Grundlage folgende Fragen ausgewählt:

Frage 1.4[21]. *„Energiesysteme benötigen eine unterschiedlich lange Nachsorge. Für wie lange sind Ihrer Einschätzung nach, ab dem Bau der Energieanlage, technische Wartungen, bauliche Maßnahmen, politische und administrative Regulierungen oder aktive Schutzmaßnahmen erforderlich, um den Anlagenbetrieb und die Nachsorge für Rückbau und Abfälle zu gewährleisten?" (Einheit: Jahre).*

Die Beantwortung dieser Frage zeichnete sich insbesondere bei den Kernkraftwerken in der Schweiz und in Frankreich durch große Urteilsunsicherheiten aus.

Frage 1.5 *„Wie hoch schätzen Sie die Wahrscheinlichkeit ein, dass ein vollständiges Rückbaukonzept nicht zeitgerecht zur Verfügung steht?"(Einheit: %)*

Hohe Standardabweichungen konnten bei dieser Frage bei folgenden Technologien festgestellt werden: Kernkraftwerk Schweiz, Laufwasserkraftwerk Schweiz, Photovoltaik kristallines und amorphes Silizium Schweiz und Geothermie Schweiz.

Frage 1.6 *„Wie hoch schätzen Sie die Wahrscheinlichkeit ein, dass eine vollständige Entsorgungsinfrastruktur für die mit Brennstoffbereitstellung, Anlagenbau -betrieb und -rückbau verbundenen Reststoffe nicht zeitgerecht zur Verfügung steht?" (Einheit: %)*

Bei der Beantwortung dieser Frage wurden hohe Divergenzen bezüglich der Angaben zu den Kernkraftwerken in der Schweiz und in Frankreich ersichtlich sowie bei der Beurteilung des schweizerischen Speicherwasserkraftwerks.

Frage 4.2 *„Wie hoch ist Ihrer Einschätzung zufolge das von den Anwohnern wahrgenommene Katastrophenpotenzial (d.h. die Wahrnehmung der maximalen Störfallauswirkungen) der Energieanlagen?" (Einheit: 0 bis 2, hierbei steht der Wert 0 für die Wahrnehmung eines hohen Katastrophenpotenzials und der Wert 2 für die Wahrnehmung eines niedrigen Katastrophenpotenzials)*

Hohe Standardabweichungen bei der Urteilsvergabe konnten bei folgenden Technologien ausgewiesen werden: Photovoltaik kristallines und amorphes Silizium Schweiz, Wind Onshore Deutschland und Schweiz, Wind Offshore Dänemark, Geothermie Schweiz.

---

[21] Die hier aufgeführten Nummerierungen entsprechen den fortlaufenden Nummern im Fragebogen

Frage 4.6 „ *Wie hoch schätzen Sie die Freiwilligkeit ein, mit der sich Anwohner von Energieanlagen möglichen Risiken dieser Anlagen aussetzen?" (Einheit: 0 bis 2, hierbei steht der Wert 0 für keine Freiwilligkeit und der Wert 2 für eine hohe Freiwilligkeit)*

Die für diese Frage auf dem Workshop zu diskutierenden Technologien umfassen das Laufwasserkraftwerk Schweiz, die WKK Brennstoffzelle, Erdgas Schweiz, Photovoltaik kristallines und amorphes Silizium Schweiz, Geothermie Schweiz, Wind Offshore Dänemark und das WKK Otto Holz-Methan, Schweiz.

Somit galt es auf dem geplanten Workshop fünf Fragen für ausgewählte Technologien und für jeweils zwei Zeitpunkte zu diskutieren. Die Teilnehmer, welche diese Fragen beantworten sollten, wurden telefonisch aus dem Kreis der ursprünglich 20 angefragten Experten ermittelt. Alle Personen, die einen schriftlichen Fragebogen zum Ausfüllen erhalten hatten, wurden zwecks ihrer Bereitschaft zur Teilnahme am Workshop angefragt. Die Tatsache, dass Jemand einen Fragebogen ausgefüllt hatte oder nicht, war kein Vorkriterium für die Auswahl der Delphi-Teilnehmer. Prinzipiell konnten auch Akteure am Workshop teilnehmen, welche den Individualfragebogen nicht ausgefüllt hatten. Durch die direkte telefonische Anfrage der Experten konnten neun Teilnehmer für den Workshop gewonnen werden. Von diesen neun hatten alle bis auf eine Person den Fragebogen zuvor ausgefüllt. Diese eine Person, war kurzfristig als Vertretung eingesprungen und hatte sich im Vorfeld zur Vorbereitung des Workshops den Fragebogen sowie die Agenda zukommen lassen. Insofern war diese Person zum Zeitpunkt des Workshops gut informiert, ein Unterschied zu den Experten, welche den Individualfragebogen ausgefüllt hatten, konnte nicht festgestellt werden.

8.3 Die Organisation des Delphi-Workshops

Der Delphiexperten-Workshop wurde als zweitägiger Workshop vom 8. auf den 9. März 2006 in Stuttgart organisiert (vgl. Abbildung 21). Als Tagungsort wurde ein Hotel ausgewählt, welches mit den öffentlichen Verkehrsmitteln gut erreichbar war und genügend Platz bot, um einerseits einen Workshop durchzuführen und andererseits Zimmer für alle Workshopteilnehmer anzubieten. Für die Workshopteilnehmer wurden sowohl die Reisekosten, die Unterkünfte, als auch die Verpflegung aus Projektmitteln übernommen. Da die Workshopteilnehmer für ihre Anwesenheit keine Honorare erhielten, bedankte sich das Projektteam bei den Experten mit einer Einladung zu einem gemeinsamen Abendessen am ersten Workshoptag. Dieses gemeinsame Abendessen sollte ein feierliches Zusammentreffen symbolisieren und dem informellen Austausch dienen. Insofern wurde bei der Auswahl des Workshop-Ortes also darauf geachtet, dass der Ort mit den öffentlichen Verkehrsmitteln gut erreichbar war, sowohl Tagungsräume als auch Unterkünfte für Gäste bot und über eine gute Küche verfügte. Das auf dieser Grundlage ausgewählte Hotel, stellte sodann einen größeren Tagungsraum für die Plenarsitzungen zur Verfügung sowie zwei kleinere Räume für Gruppenarbeiten. Ein Beamer, wie auch ein Kopierer waren ebenfalls vor Ort und konnten vom Projektteam genutzt werden. Das Projektteam kümmerte sich hingegen um folgende vorbereitende Maßnahmen:

1. Das Anfertigen von Namensschildern für alle Workshopteilnehmer
2. Die Platzierung von Mikrofonen zur Aufnahme des Delphis um im Anschluss an das Verfahren ein dezidiertes Protokoll schreiben zu können
3. Vorbereitung und Auslegung einer Teilnehmerliste
4. Vorbereitung von Präsentationen zur Vorstellung des Projektes, in dessen Rahmen das Delphi stattfand sowie Vorstellung der Individualbefragungsresultate.
5. Die Fertigstellung der Delphi-Workshopfragebögen, die vom Individualfragebogen abwichen.

Die Delphi-Workshopfragebögen waren so aufgebaut, dass sie ausschließlich die ausgewählten Fragen mit der höchsten Standardabweichung sowie die Fragen mit der höchsten Urteilsunsicherheit beinhalteten. Aufgrund dieser Maßgabe ergaben sich fünf zu beantwortende Fragen. Diese sollten ähnlich wie bei der Individualbefragung für das Jahr 2000 als auch für das Jahr 2030 für ausgewählte Technologien beantwortet werden. Weiterhin wurde im Delphi-Fragebogen die Rubrik „Urteilssicherheit" durch die Möglichkeit zur Vergabe eines „Minderheitsvotums" ersetzt. Diese Minderheitsvoten sollten dann zum Einsatz kommen, wenn sich die Gruppen nicht auf ein gemeinsames Antwortmuster einigen können. In diesem Fall gäbe es pro Gruppe die Option ein Mehrheits- und ein Minderheitsvotum abzugeben.

8.4 Der Delphi-Workshop: Inhalt und Ablauf

Der Delphi-Workshop begann am 8. März 2006 gegen 14.00 Uhr. Zu Beginn des Workshops begrüßte der Moderator alle Teilnehmer und informierte sie über den Ablauf des Workshops. Geplant war, die fünf Fragen in einer zweitägigen Veranstaltung im Wechsel von Plenar- und Gruppendiskussionen zu beantworten. Ziel des Delphis war ein Konsens in der Antwortvergabe, sollte dieser nicht erreicht werden können, so galt als Mindestergebnis ein Konsens über den Dissens. Nach dieser kurzen Einführung, wurde das Projekt vorgestellt, in dessen Rahmen der Workshop stattfand. Anschließend wurde den Experten eine Präsentation gezeigt, die über die Ergebnisse der schriftlichen Befragung informierte.

Diese Präsentation dauerte circa eine halbe Stunde und war gleichzeitig der Einstieg in die erste Plenardiskussion. Die Experten diskutierten über die Ergebnisse und konnten gleichzeitig erkennen, wo ihre eigenen Individualvoten im Vergleich zu den durchschnittlichen Gesamturteilen abwichen. Nach dieser allgemeinen Diskussion zu den Resultaten der Individualbefragung, wurden die ersten Kleingruppen gebildet. Via Zufallsprinzip wurden die Teilnehmer auf drei Gruppen mit jeweils drei Personen aufgeteilt. Jede Gruppe sollte nun die fünf Fragen in einem separaten Raum beantworten. Die Kleingruppenarbeiten wurden ohne Moderation durchgeführt und dauerten circa 1,5 Stunden. Antwortvergaben sollten direkt in die ausgeteilten Fragebögen eingetragen werden, wobei am Ende der Gruppenarbeit pro Gruppe immer ein Fragebogen an die Wissenschaftler zur Auswertung übergeben wurde. Dieser Akt der Gemeinsamkeit sollte den Fokus auf Einigung in der Urteilsvergabe unterstreichen. Konnte sich jedoch ein Kleingruppenmitglied mit der Meinung der restlichen Gruppenteilnehmer nicht anfreunden, so durfte er die Rubrik „Minderheitsvotum" bedienen und sein abweichendes Urteil einfügen[22].

Nachdem die Kleingruppenarbeiten abgeschlossen waren, konnten sich die Experten untereinander in der darauf folgenden Kaffeepause austauschen. Die Zeit der Kaffeepause (eine halbe Stunde) wurde von dem wissenschaftlichen Team genutzt um die Ergebnisse der Gruppenarbeit zusammenzutragen. Die Voten aller Gruppen wurden in ein Excel-Sheet eingespeist und in der anschließenden Plenardiskussion mit dem Beamer an die Wand geworfen. Für diese Plenardiskussion wurde circa eine Stunde Zeit eingeplant. Wie erwartet, streuten die Ergebnisse dieser ersten Runde für einige der Fragen stark. Die Plenardiskussion war geprägt durch einen regen gegenseitigen Argumentationsaustausch. Dadurch, dass sowohl Teilnehmer aus der Schweiz als auch Experten aus Deutschland am Workshop partizipierten, konnten vielfach länderspezifische Informationen in die Diskussion einfließen. Dies war insbesondere vor dem Gesichtspunkt, dass die Bewertung der

---

[22] Für das hier beschriebene Delphi-Verfahren ist festzuhalten, dass es keine Minderheitsvoten gab. Dennoch wird die Option eines Minderheitsvotums prinzipiell befürwortet um etwaige abweichende Meinungen von Workshopteilnehmern aufzufangen.

Technologien u.a. für Auswahlstandorte in Deutschland und in der Schweiz erfolgen sollte, eine Bereicherung des Workshops.

Der erste Workshoptag endete mit einer Zusammenfassung der erzielten Ergebnisse. Es wurden zwar noch keine der fünf Auswahlfragen abschließend beantwortet, dennoch war es ersichtlich, dass die Experten sich durch den gezielten Argumentationsaustausch aufeinanderzubewegten. Im Anschluss an den Workshop erfolgte die Einladung zum gemeinsamen Abendessen, der alle Teilnehmer nachkamen. Das Abendprogramm bot eine zwanglose Form des gegenseitigen Kennenlernens und ermöglichte auch die Fortführung interessanter Diskussionen.

Am zweiten Workshoptag startete der Workshop um 9.00 Uhr morgens. Der Moderator rekapitulierte die wichtigsten Ergebnisse des vorherigen Tages und klärte die Teilnehmer über den weiteren Verlauf des Workshops auf. Geplant waren für diesen zweiten Tag zwei Kleingruppensitzungen im Wechsel mit der Plenardiskussion. Ein von allen getragenes Votum sollte gegen 16.00 Uhr vorliegen, für diesen Zeitpunkt war das Ende des Workshops angesetzt. Der Ablauf an diesem Tag folgte somit dem des vorherigen Tages: Kleingruppenarbeit in unmoderierter und stetig wechselnder Gruppe, Plenardiskussion und dann wieder Gruppenarbeit bzw. Plenum. Der einzige Unterschied zum Vortag, war die Kürzung der Zeitschiene für die Gruppenarbeiten. Anstatt der 1,5 Stunden wurde den Teilnehmern nun nur noch eine Stunde Gruppenarbeit zugetragen. Diese Zeitverkürzung basierte auf der Annahme, dass mit steigendem Argumentationsaustausch der Diskussionsbedarf sinkt und die Gruppe sich schneller einigt. Der zweite Workshoptag war jedoch nicht ausschließlich von Arbeit und Diskussionsforen geprägt. So wurde auch an diesem Tag genügend Zeit für eine Kaffeepause (nach der ersten Runde an Kleingruppenarbeiten), sowie für ein gemütliches gemeinsames Mittagessen (nach der zweiten Runde der Kleingruppenarbeiten) gefunden.

Gegen 16.00 Uhr hatten sich alle Workshopteilnehmer auf gemeinsame Voten geeinigt. Die Diskussion verlief insgesamt betrachtet sehr konstruktiv und ermöglichte es den Experten Argumente untereinander auszutauschen und auf dieser Basis zu einem ausgewogenen Urteil zu gelangen. Der Moderator bedankte sich bei den Experten für ihre konstruktive Teilnahme und sicherte ihnen allen ein Protokoll der Sitzung sowie die Ergebnisse der Gesamtbefragung zu.

8.5 Ergebnisse des Delphi-Workshops

Das Zusammenführen der Experten, um zu einem gemeinsamen Konsens bezüglich der Beantwortung von fünf Fragen zu gelangen, kann positiv beurteilt werden. Für alle zur Diskussion stehenden Technologien konnten gemeinsam getragene Voten erzeugt werden. Aus Platzgründen sollen an dieser Stelle nun beispielhaft zwei Delphi-Workshopresultate vorgestellt werden, auf die verbleibenden drei wird nicht weiter eingegangen. Zur Veranschaulichung dienen die folgenden Fragen:

„Wie hoch schätzen Sie die Wahrscheinlichkeit ein, dass ein vollständiges Rückbaukonzept nicht zeitgerecht zur Verfügung steht?" Die Beantwortung erfolgte für Kernkraftwerke in der Schweiz und Frankreich.

Bei der Vergabe ihres Votums sahen die Experten deutliche Unterschiede für die Jahre 2000 und 2030. So wurde beispielsweise argumentiert, dass der finanzielle Fond in der Schweiz für den Rückbau der Brennstäbe von Kernkraftwerken gegenwärtig sehr gut ausgestattet sei. Dies lasse sich jedoch im Zuge der zunehmenden Privatisierung nicht mehr auf das Jahr 2030 übertragen. Weiterhin wurde für die Zukunft die Verfügbarkeit des notwendigen Know-Hows für den Rückbau der Kernkraftwerke kritisch betrachtet, da sich nur noch wenige Kerntechniker ausbilden lassen. Im Gegenzug zu diesem Argument wurde jedoch auch darauf verwiesen, dass das Erfahrungswissen bis zum Jahr 2030 erheblich ansteigen wird und ein vollständiges Rückbaukonzept rechtzeitig zur Verfügung stehen könnte. Nach gründlicher Abwägung der ausgetauschten Argumente wurden von den Experten folgende Aussagen getroffen:

Wahrscheinlichkeit für eine rechtzeitige Verfügbarkeit eines Rückbaukonzeptes im Jahr 2000 (2030):

Kernkraftwerk Schweiz: 80 bis 90% (70 bis 80%)
Kernkraftwerk Frankreich: 70 bis 90% (70 bis 80%)

Die geringere Prozentzahl für das Jahr 2030 ist auf den potentiellen Mangel an ausgebildeten Fachkräften zur Durchführung eines Rückbaus zurückzuführen. Für die Gegenwart wird die Situation hingegen relativ optimistisch betrachtet.

Eine weitere Frage, mit welcher sich die Experten im Verlauf des Delphi-Verfahrens auseinandersetzen mussten, war die folgende Frage: *„Wie hoch ist Ihrer Einschätzung zufolge das von den Anwohnern wahrgenommene Katastrophenpotential?"* Die Antwortvergabe erfolgte für Geothermie, Wind On- und Offshore sowie für Photovoltaikanlagen.

Diese Frage sollte mit einer Ordinalskala von 0 bis 2 beantwortet werden. Hierbei steht die Ziffer 2 für die Wahrnehmung eines niedrigen Katastrophenpotenzials und der Wert 0 für die Wahrnehmung eines hohen Katastrophenpotenzials. Bei der Beantwortung dieser Frage erzielten die Experten schnell einen Konsens. Bei der Geothermie wurde davon ausgegangen, dass im Jahr 2030 zwar ein Gewöhnungseffekt eintritt, gegenwärtig wird diese Technologie jedoch noch als ungewohnt wahrgenommen und mit eventuellen Risiken verbunden, da durch Bohrungen kleinere Erdbeben ausgelöst werden können.

Das wahrgenommene Katastrophenpotenzial der Auswahltechnologien seitens der Anwohner wurde somit wie folgt beurteilt:

Jahr 2000 (2030):
Geothermie: 1 (2)
Photovoltaik kristallines und amorphes Silizium: 2 (2)
Wind onshore CH und BRD: 2 (2)
Wind offshore DK: 2 (2)

Die Geothermieanlage ist somit die einzige Technologie welche sowohl etwas kritischer als auch für die beiden Referenzzeitpunkte unterschiedlich bewertet wurde. Bei den anderen Auswahltechnologien, wie etwa den Windkraftwerken, gingen die Experten von der Wahrnehmung eines niedrigen Katastrophenpotenzials aus.

8.6 Resümee

Der Einsatz des Expertendelphiverfahrens für das Projekt „Die Identifizierung und Messung von sozialen Indikatoren zur Nachhaltigkeit von ausgewählten Stromerzeugungssystemen in der Schweiz" kann als positiv bewertet werden. Alle Indikatoren, die weder mittels Literaturrecherchen noch Telefonumfragen erhoben werden konnten, wurden anhand des Delphiverfahrens ermittelt. Das Delphiverfahren eignete sich insbesondere für die Fragen, welche sich mit der Einstellung von Anwohnern befassten. Da eine repräsentative Bevölkerungsumfrage in dem Projekt nicht möglich war, erschien die Methode der quasi-indirekten Befragung durch die Experten, welche sich mit Bevölkerungseinstellungen beruflich befassen, als eine gute Option. Gleichzeitig ist dies jedoch auch die Achillesferse des Projektes: der Vorwurf, das derart erfasste Daten eine „Pseudo-Objektivität" erzeugen könnten, ist hier nicht fern. Gemessen an anderen Optionen, wie etwa der Nichterhebung der Indikatoren oder der Schätzung von Daten, ist dieses Verfahren aus Sicht des Projektteams jedoch wesentlich belastbarer. Der reichhaltige Erfahrungsschatz der Experten sollte genutzt werden und konnte mittels des stetigen Argumentationsaustausches im Plenum auch ausgeschöpft werden. Die Zusammenkunft von wissenschaftlichen Experten aus unterschiedlichen Disziplinen war für dieses Delphi von großem Vorteil. Der Fragekatalog erforderte ein enormes Maß an kognitiver Kompetenz sowie ein breit gefächertes Wissen. Obgleich sich die geladenen Wissenschaftler ganz offensichtlich nicht überfordert fühlten im Angesicht dieser hohen Ansprüche, so wäre dennoch prinzipiell zu empfehlen, die Delphifragen so zu stellen, dass sie nicht all zu breit in verschiedene Themengebiete oder Zeithorizonte gefächert sind. Mit der Anforderung an die Befragten sich mit 18 Technologien zu zwei Zeitpunkten auszukennen und dann auch noch Fragen zu ganz unterschiedlichen Themenspektren zu beantworten, hat das Forscherteam hier eine hohe Hürde aufgebaut. Die geringe Anzahl aus gerade einmal 20 angefragten Personen bzw. neun Workshopteilnehmern resultierte zwangsläufig daraus, denn es gibt nicht viele Personen, die über ein derart breit gestreutes Wissen verfügen. Weiterhin sorgten die hohen Anforderungen für eine Selbstselektion unter den angefragten Personen. Diejenigen, die den Fragebogen nicht ausfüllten, taten dies primär aus dem Grund, dass sie sich selbst für nicht geeignet bzw. kompetent genug einstuften, was wiederum die Schwierigkeit des umfassend geforderten Wissens unterstrich. Neben dieser Eingrenzung an potentiellen Kandidaten mag die geringe Anzahl von neun Delphi-Teilnehmern auch der zweitägigen Veranstaltung geschuldet sein. Ähnlich wie beim NEEDS-Delphi konnten auch hier wiederum einige Personen ihrer Arbeit keine vollen zwei Tage fern bleiben. Die Empfehlung wäre also auch hier den Workshop, wenn möglich, eintägig zu organisieren.

Weiterhin gilt es zu bemerken, dass die Anzahl von neun Delphi-Workshopteilnehmern die unterste Grenze zur Durchführung eines Delphis ist. Mit neun Personen können drei Gruppen á drei Personen veranschlagt werden. Die geringe Anzahl an Gruppenteilnehmer kann unter Umständen dazu führen, dass Diskussionen schnell versiegen und kein reger Austausch stattfindet. Beim hier beschriebenen Delphiverfahren war dies zwar nicht der Fall, dennoch sollte man sich dieser Gefahr bewusst sein. Positiv hervorzuheben ist demgegenüber die Anzahl an durchgeführten Kleingruppenarbeiten. Drei Gruppenrunden erschienen für die Bewältigung von fünf Fragen durchaus als ausreichend. Die Experten benötigten keinen weiteren Diskussionsraum und konnten in der veranschlagten Zeit gut zu einem fundierten und konsensualen Ergebnis gelangen.

Positiv hervorzuheben ist des Weiteren das gemeinsame Abendessen sowie die Möglichkeit für die Workshopteilnehmer im gleichen Hotel zu übernachten. Diese informellen Gesprächsmöglichkeiten beim Abendessen, beim Frühstück oder beim gemeinsamen Drink an der Bar sind äußerst wichtig für die gegenseitige Vertrauensbildung und zur Auflockerung der Atmosphäre. War der erste Workshoptag noch von einem allseitigen „Beschnuppern" der Teilnehmer geprägt, so fiel der zweite Workshoptag durch eine heitere und lockere Atmosphäre auf. Insbesondere bei stark konfliktären Themen ist eine positive Grundstimmung eine gute Basis für eine etwaige Konsensfindung und sollte daher vom Moderator sowie vom Organisationsteam stets angestrebt werden.

9 Diskussion der Befunde
(Schulz, Marlen; Renn, Ortwin)

Die spezifischen Anforderungen bei der Entwicklung eines Fragebogens für ein Gruppendelphi begründen sich vor allem in der Zielgruppe der Experten und der Erhebungssituation (vgl. hierzu Häder 2002: 120f). Der Fragebogen richtet sich zumeist an Experten, so dass Fachtermini und die Abfrage komplexer Sachverhalte möglich sind. Dabei ist im Vorfeld nicht davon auszugehen, dass alle Experten über die gleiche Expertise verfügen. Deshalb empfiehlt sich bei einem Gruppendelphi das Thema klar und eindeutig zu spezifizieren sowie zu fokussieren. Wichtig ist, dass alle Experten über das relevante Thema Auskunft geben können.

Die Erhebungssituation bedingt, dass keine Anonymität gewährleistet werden kann, weshalb von der Verwendung komprimittierender Fragen, wie objektiven Wissensfragen, abzuraten ist. Allenfalls bei der Durchführung einer individuellen Delphi-Runde im Vorfeld des Workshops kann dies vorgenommen werden, um die Expertise der Teilnehmer besser einschätzen zu können.

Außerdem sollte beachtet werden, dass die Auswertung eines solchen Fragebogens in kurzer Zeit erfolgen muss, weshalb Länge und Skalierung diesem Erfordernis anzupassen sind. Die formale Struktur der Fragen und Antwortvorgaben sollte nach Möglichkeit metrisch sein, da nur so statistische Analysen über Mittelwerte und Streuungen der Antworten möglich sind. Jedoch kann die Fragestellung auch im Einzelfall eine andere Skalierungsform annehmen. Numerische Schätzungen fordern hohe kognitive Leistungen der Teilnehmer und machen Angaben zur Urteilssicherheit notwendig. Nimmt man die Urteilssicherheit mit in den Fragekatalog auf, dann können auch schwierige oder kognitiv anspruchsvolle Fragen, die in anderen Befragungen eher kritisch sind, aufgenommen werden.

Generell empfiehlt sich wie bei quantitativen Umfragen die Durchführung eines Pretests. Er dient vor allem der Überprüfung der Verständlichkeit, der Vollständigkeit und der sachlichen Richtigkeit. Da Experten befragt werden, ist auch eine Überprüfung durch nicht am Delphi teilnehmende Vertreter der eingeladenen Disziplinen sinnvoll. Experten sind sehr kritisch und gelegentlich auch rebellisch, wenn sie den Eindruck haben, dass die Fragen zu pauschal formuliert sind, wenig disziplinären Sachverstand verraten oder aber mit wissenschaftlich kaum haltbaren Implikationen operieren. Auch legen vor allem Experten aus den Natur- und Technikwissenschaften hohen Wert auf die korrekte Verwendung der Fachtermini. Haben sie den Eindruck, dass die Fragen nicht ihrem Niveau entsprechen, sinkt die Motivation und damit auch die Validität der Antworten.

Um die spezielle Situation eines Gruppendelphis zu berücksichtigen, empfiehlt sich nicht nur ein Pretest des Fragebogens, sondern auch einer der Auswertungsmethode. Im Allgemeinen haben die Forscher wenig Zeit, um die Fragebögen auszuwerten und auf mögliche Variationen zu untersuchen. Deshalb sollte vorab sichergestellt werden, dass die Zeit hierfür reicht und die beteiligten Forscher in die Auswertungsmethode eingearbeitet sind.

Auf Grundlage unserer bisherigen praktischen Erfahrungen erscheinen uns folgende zentrale Empfehlungen für die Entwicklung eines Fragebogens im Gruppendelphi als sinnvoll:

1. Die Anzahl der Fragen sollte bei einem eintägigen Workshop 15 nicht überschreiten.
2. Der vorher festgelegte Zeitplan sowie der Aufbau des Fragebogens sind in Abhängigkeit der Ergebnisse der ersten Delphi-Runde flexibel zu handhaben. Wenn nach der ersten Runde Dissens überwiegt, kann das Auswirkungen auf die Dauer der Plenumsdiskussion haben und im Endeffekt den Wegfall einer Delphi-Runde bedingen.
3. Die Struktur des Fragebogens muss klar und für die Teilnehmer nachvollziehbar sein. Dafür empfiehlt es sich, die Fragen in verschiedene Themenkomplexe zu unterteilen. Dies erleichtert den Teilnehmern die Einsicht in die thematische Relevanz der einzelnen Fragen und strukturiert zugleich die Auswertung.
4. Im Hinblick auf die angestrebte Berechnung von Mittelwerten und Varianzen sollte der Fragebogen eines Gruppendelphis vor allem die dafür notwendigen messtheoretischen Voraussetzungen erfüllen.
5. Die Skalierung der Fragen sollte, wenn möglich dem metrischen Niveau folgen. Bei Ratingfragen empfehlen wir deshalb die Verwendung einer zehnstufigen Skalierung. Von einer ungeraden Anzahl von Items raten wir ab, da Unsicherheiten und Unwissenheiten über Angaben zur Urteilssicherheit gemessen werden.
6. Bei geringen Vorkenntnissen über das entsprechende Thema können einige offene Fragen gestellt werden, die anschließend im Plenum diskutiert werden. Allerdings sollte diese Möglichkeit nur marginal eingesetzt werden.

7. Offene Fragen sind dann sinnvoll, wenn zusätzliche Optionen (etwa ein Maßnahmenkatalog) oder zusätzliche Bewertungsaspekte erwartet werden können, die den Konstrukteuren des Fragebogens nicht bekannt sind.

8. Der Ablauf des Delphi-Workshops kann variieren. Vor allem die Entscheidung, ob im Vorfeld des Workshops eine individuelle Befragung durchzuführen ist, muss von Fall zu Fall entschieden werden. Wenn eine individuelle Befragung im Vorfeld des Workshops durchgeführt wird, dann ist die Anomymität der Experten zu wahren.

9. Delphiverfahren eignen sich nicht für objektive Wissensfragen. Diese können besser durch entsprechende direkte Messverfahren beantwortet werden. Beim Delphiverfahren geht es um eine wissensbasierte Einschätzung von Sachverhalten, also immer um Interpretation von Daten, Wahrscheinlichkeiten oder Sachverhalten. Dort liegt auch die Stärke des Verfahrens. Darüber hinaus würden reine Wissensfragen die Teilnehmer irritieren. Da im Gruppendelphi keine klassische Anonymitätssituation gegeben ist, können objektive Wissensfragen dazu führen, dass sich die Teilnehmer bloßgestellt fühlen.

10. Von der Verwendung von expliziten Hybridfragen raten wir eher ab, da diese nicht ausreichend in der Auswertung berücksichtigt werden können. Zusätzliche Informationen können in der Plenumsdiskussion erarbeitet werden.

11. Fragen mit Mehrfachnennungen sind für das Gruppendelphi eher kritisch zu sehen. Diese werden in der quantitativen Sozialforschung bei Problematiken eingesetzt, bei denen mehrere Sachverhalte möglich bzw. sinnvoll erscheinen. Diese gleichzeitige Möglichkeit verschiedener Sachverhalte wird auch im Gruppendelphi vorkommen. Allerdings geht es meistens um politische oder ökonomische Prioritätensetzung, weshalb ein Ranking zwischen den einzelnen Ausprägungen sinnvoller erscheint. Wenn dies nicht möglich ist, sollte auf Ratingverfahren zurückgegriffen werden.

12. Angaben zur Urteilssicherheit erscheinen, vor allem bei Fragen mit hohem kognitivem Anspruch, wie z.B. nach numerischen Schätzungen, notwendig.

13. Für die Angaben zur Urteilssicherheit ist in der Regel ein ordinales Messniveau ausreichend. Nur wenn man die Bewertungen mit der Urteilssicherheit gewichten will, ist eine prozentuale Angabe der Urteilssicherheit sinnvoll und messtechnisch erforderlich.

Webler et al. (1991: 263) fassen die Möglichkeiten eines Gruppendelphis in drei Punkten zusammen:

„1. It produces a clearer picture of the dissention among the expert panel.
2. There is justification given for the dissent.
3. There is direct testing of dissent in a ‚peer review.'"

Zusätzlich lässt sich aus unseren Delphi-Anwendungen ablesen, dass ein Gruppendelphi zur semantischen Klärung von Begriffen und zur Präzisierung von Fragestellungen und Konzepte beitragen kann. Dies ist vor allem dann von Vorteil, wenn Begriffe mehrdeutig sind und Bewertungen unterschiedlich interpretiert werden können, je nachdem welche der möglichen mit dem Begriff verbundenen Konnotationen angesprochen sind.

Bei einem geplanten Einsatz von Delphiverfahren und vor allem von Gruppendelphis darf nicht vergessen werden kritisch zu hinterfragen, inwieweit der Ansatz des Gruppendelphis überhaupt für die jeweilige Fragestellung als angemessen erscheint. Denn nicht jede beliebige Fragestellung ist dafür geeignet. „Damit ein Problem sinnvoll in einer quantifizierenden Delphi-Befragung bearbeitet werden kann, muss dieses zuvor ausreichend operationalisiert werden" (Häder 2002: 136). Delphiverfahren eignen sich vor allem für Fragestellungen, bei denen wissensbasierte Urteile über Sachverhalte abgegeben werden sollen. Sie stellen eher ein Erkenntnisinstrument als ein Erhebungsinstrument dar. Wenn es darum geht, Einstellungen von Experten zu messen oder deren Wissen abzufragen, sind andere Methoden wesentlich besser geeignet. Bei Fragen, deren Beantwortung Sachkenntnis und profundes Urteilsvermögen voraussetzen und die auf interpretative Einordnung dieser Sachverhalte abzielen, haben sich Delphiverfahren bewährt. Dies gilt auch und gerade für das Verfahren des Gruppendelphis.

Praktische Tipps zur Durchführung eines Gruppendelphis

Neben dem Fragebogen gibt es weitere Aspekte, die für ein erfolgreiches und konstruktives Gruppendelphi relevant sind. Die Erfahrungen aus den dargestellten Praxisbeispielen zeigen eine Reihe möglicher Probleme und Schwierigkeiten bei der Organisation und Durchführung eines Gruppendelphis. Auf Grundlage dieser Erfahrungen möchten wir der Vollständigkeit halber kurz und knapp einige zusätzliche praktische Tipps ergänzen:

- Die zentrale Person des Delphis ist der Moderator, der die Diskussionen leitet. Er sollte in der Lage sein, auch bei hitzigen und kontroversen Diskussionen ruhig und sachlich zu bleiben. Im Idealfall trägt er zentrale Argumente und neue Formulierungen vor den Augen des Plenums direkt in einen digitalen Fragebogen oder eine entsprechenden Auswertungssoftware ein. So können Missverständnisse verhindert werden.
- Neben dem Moderator braucht es ein Unterstützungsteam, das protokolliert und die Auswertung vornimmt.
- Für ein Gruppendelphi sollten mehrere Räume zur Verfügung stehen: ein Raum für die Plenumsdiskussion und kleinere Räume für die Gruppendiskussionen.
- Laptop und Beamer zur Präsentation der Befunde müssen vorhanden sein.
- Bei den Gruppendiskussionen können die Antworten entweder in Papierform oder direkt am Computer eingetragen werden. Beim ersten Fall muss sichergestellt werden, dass im Verlauf des Workshops ein Drucker zur Verfügung steht, mit dem die überarbeiteten Fragebögen neu gedruckt werden können. Im zweiten Fall müssen ausreichend Computer, entsprechend der Anzahl der Kleingruppen, vorhanden sein.
- Um eine angenehme Atmosphäre auf dem Workshop zu erhalten, empfiehlt sich – sofern organisatorisch möglich – ein gemeinsames Mittag- oder Abendessen. So lernen sich alle Teilnehmer in ungezwungener Atmosphäre kennen.
- Bei der Tagesplanung sind eventuelle Verspätungen der Teilnehmer oder frühere Abreisen zu berücksichtigen. Deshalb sollten alle Teilnehmer im Vorfeld des Workshops eine kurze Information zur Methode des Gruppendelphis erhalten. Das Ende des Workshops sollte so gewählt werden, dass für alle Teilnehmer eine Heimreise am gleichen Tag möglich ist.
- Um Terminschwierigkeiten mit den Experten zu vermeiden, empfiehlt sich eine sehr frühe Organisation des Delphi-Workshops, idealerweise sechs bis neun Monate vorher.

10 Zusammenfassung

(Schulz, Marlen; Renn, Ortwin)

Die bisherigen Projekterfahrungen zeigen, dass das Verfahren des Gruppendelphis ein geeignetes Instrument zur Ermittlung von Expertenurteilen zu Themen der Zukunftsforschung, Prognose, politischen Maßnahmenentwicklung und Prioritätensetzung ist. Mit relativ geringen finanziellen und zeitlichen Ressourcen können relevante Akteure und Experten divergierender Sektoren zusammengebracht werden, um über einen spezifischen, vielleicht auch politisch schwierigen Sachverhalt entweder Einigkeit in der Bewertung zu erzielen, oder auftretende dissente Bewertungen in den ihnen zugrunde liegenden Begründungen verständlich zu machen. Darauf aufbauend können als Produkte eines Gruppendelphis mögliche Handlungsoptionen gemeinsam entwickelt und in ihren Implikationen beurteilt werden. Schließlich eignet sich das Verfahren auch zur Klassifizierung von Wissen bei so genannten Expertendilemmata.

Allerdings steht und fällt die Durchführung eines Gruppendelphis mit der Qualität des verwendeten Fragebogens. Dieser muss nicht nur allgemein anerkannten Kriterien der empirischen Sozialforschung entsprechen, sondern die Spezifika des diskursiven und iterativen Prozesses während eines Workshops berücksichtigen, die in dem vorliegenden Beitrag diskutiert wurden. Dabei zeigt die Vorstellung von fünf Praxisbeispielen, dass durchaus divergierende Abläufe und Skalierungsverfahren verwendet werden können. Der genaue Ablauf ist im Einzelnen zu prüfen.

Die bisherigen Erfahrungen der Teilnehmer mit verschiedenen Gruppendelphis sind in der Regel durch ein positives Feedback geprägt. Das Gruppendelphi stellt relativ hohe Anforderungen an die Teilnahmebereitschaft, fördert aber konstruktive Diskussionen und kann somit auch politisch verwertbare Ergebnisse erzeugen.

11 Literatur

Aichholzer, G. (2002): Das ExpertInnen-Delphi: methodische Grundlagen und Anwendungsfeld „Technology Foresight". Institut für Technikfolgen-Abschätzung. Wien: Österreichische Akademie der Wissenschaften.

Allerbeck, K. (1978): Meßniveau und Analyseverfahren – Das Problem „strittiger Intervallskalen". Zeitschrift für Soziologie 7, S. 199-214.

Axpo (2006): Stromperspektiven 2020. Axpo Holding AG.

Benarie, M. (1988): Delphi and Delphi like Approaches with Special Regard to Environmental Standard Setting. Technological Forecasting and Social Change Vol. 33, S. 149-158.

Böschen, S.; Kastenhofer, K.; Marschall, L.; Rust, I.; Wehling, P. & Soentgen, J. (2006): Scientific Cultures of Non-Knowledge within the GMO Controversy: The Cases of Molecular Biology and Ecology. GAIA 15, S. 294-301.

Bortz, J. & Döring, N. (2006): Forschungsmethoden und Evaluation. Heidelberg: Springer Medizin Verlag.

Bortz, J. (1999): Statistik für Sozialwissenschaftler. Berlin Heidelberg: Springer Verlag.

Brukmajster, D.; Hampel, J.; Ren, O. (2007): Energy technology roadmap and stakeholders' perspective: Establishment of social criteria for energy systems. Stuttgarter Beiträge zur Risiko- und Nachhaltigkeitsforschung Vol. 6, Stuttgart: Universität Stuttgart.

Cuhls, K. & Blind, K. (1999): Die Delphi-Methode als Instrument der Technikfolgenabschätzung. In: S. Bröchler, G. Simonis; K. Sundermann (Hrsg.): Handbuch Technikfolgenabschätzung. Berlin: Edition Sigma , S. 545-550.

Dalkey, N. & Helmer, O. (1963): An Experimental Application of the Delphi Method to use of Experts. Management Science 9, S. 458-467.

Diehl, J. M. & Kohr, H. U. (1987): Deskriptive Statistik, Frankfurt: Fachbuchhandlung für Psychologie.

Diekmann, A. (1999): Empirische Sozialforschung. Grundlagen, Methoden, Anwendungen. Reinbek bei Hamburg: Rowohlt Taschenbuch Verlag GmbH.

Halfmann, J. & Japp, K.P. (1990): Riskante Entscheidungen und Katastrophenpotenziale – Elemente einer soziologischen Risikoforschung. Opladen: Westdeutscher Verlag.

Häder, M. & Häder, S. (1995): Delphi und Kognitionspsychologie. Ein Zugang zur theoretischen Fundierung der Delphi-Methode. ZUMA Nachrichten 37, S. 8-34.

Häder, M. (2002): Delphi-Befragungen. Ein Arbeitsbuch. Wiesbaden: Westdeutscher Verlag.

Häder, M. (2006): Empirische Sozialforschung. Eine Einführung. Wiesbaden: VS Verlag für Sozialwissenschaften.

Hill, K. Q. & Fowles, J. (1975): The Methodological Worth of the Delphi Forecasting Technique. Technological Forecasting and Social Change Vol. 7, S. 179-192.

Jasanoff, S. (2004): Ordering Knowledge, Ordering Society, in S. Jasanoff (ed): States of Knowledge: The Co-Production of Science and Social Order. London: Routledge, S. 13–45

Klein, M. & Arzheimer, K. (1999): Ranking- und Rating-Verfahren zur Messung von Wertorientierungen, untersucht am Beispiel des Inglehart-Index. Ergebnisse eines Methodenexperimentes. Kölner Zeitschrift für Soziologie und Sozialpsychologie 51, S. 550-564.

Kromrey, H. (1995): Empirische Sozialforschung. Opladen: Leske und Budrich.

Labovitz, S. (1970): The Assignment of Numbers to Rank Categories. American Sociological Revue 35, S. 515-524.

Lamnek, S. (1995): Qualitative Sozialforschung. Band 1: Methodologie. Weinheim: Beltz, PsychologieVerlagsUnion.

Linstone, H.A. & Turoff, M. (1975, Eds.): The Delphi Method. Addison-Wesley: Reading, Mass.

Mayer, H. O. (2006): Interview und schriftliche Befragung. München: R. Oldenbourg Verlag.

Meister, P. & Oldenburg, F. (2008): Beteiligung- ein Programm für Politik, Wirtschaft und Gesellschaft. Oldenburg: Physica Verlag.

Mintroff, I. L. & Turoff, M. (1975): Philosophical and Methodological Foundations of Delphi. In: H.A. Linstone & M. Turoff (Hrsg.): The Delphi Method. Addison-Wesley: Reading, Mass., S. 17-36.

OECD (1994): Environmental indicators. Core Set. Organisation for Economic Co-operation and development. Paris.

OECD (1998): Towards sustainable development. Environmental indicators. Organisation for Economic Co-operation and development. Paris.

Parsons, T. (1966): Economy and Society. A study in the integration of economic and social theory. London: Routhledge and Paul.

Renn, O. & U. Kotte (1984): Umfassende Bewertung der vier Pfade der Enquete-Kommission auf der Basis eines Indikatorkatalogs". In: G. Albrecht & U. Steghelmann (Hrsg.): Energie im Brennpunkt. Zwischenbilanz der Energiedebatte. München: HTV, S. 190-232.

Renn, O. & Webler, Th. (1998): Der kooperative Diskurs – Theoretische Grundlagen, Anforderungen, Möglichkeiten. In. O. Renn; H. Kastenholz; P. Schild; U. Wilhelm (Hrsg.): Abfallpolitik im kooperativen Diskurs. Bürgerbeteiligung bei der Standortsuche für eine Deponie im Kanton Aargau. ETH Zürich: Hochschulverlag AG, S. 3-103.

Renn, O.; Albrecht, G.; Kotte, U.; H.P. Peters, H.-P. & U. Stegelmann, U. (1985): Sozialverträgliche Energiepolitik. Ein Gutachten für die Bundesregierung. München: HTV.

Schnell, R.; Hill, P. B.; Esser, E. (1999): Methoden der empirischen Sozialforschung. München: R. Oldenbourg Verlag.

Stirling, A. (2007): Risk Assessment in Science: Towards a More Constructive Policy Debate, *EMBO Reports* 8, S. 309–315.

Winterfeldt, D. von & Edwards, W. (1986): Decision Analysis and Behavioral Research. Cambridge University Press: Cambridge.

Wahl, St. (2007): Konfliktherd Energie. In: IWG Trends. Institut für Wirtschaft und Gesellschaft Bonn e.V.

Webler, Th.; Levine, D.; Rakel, H.; and Renn, O. (1991): The Group Delphi: A Novel Attempt at Reducing Uncertainty. Technological Forecasting and Social Change 3, S. 253-263.

Witzel, A. (1982): Verfahren der qualitativen Sozialforschung. Überblick und Alternativen. Frankfurt a.M.: Campus Verlag.

Wynne, B. (1992): Risk and Social Learning: Reification to Engagement. In: S. Krimsky; D. Golding (Hrsg.): Social Theories of Risk. Westport: Praeger, S. 275-297.

Zwick, M. M. (2008) Maßnahmen wider die juvenile Adipositas, Stuttgarter Beiträge zur Risiko- und Nachhaltigkeitsforschung Nr. 9, Stuttgart: Universität Stuttgart.

12 Anhang Fragebögen (Auszüge)

12.1 Auszug aus dem Fragebogen WASKlim

Teil 1:
Allgemeine Fragen zur Wasserwirtschaft und andere betroffene Sektoren

Frage 1.1:

> Da sich Klimaveränderungen in unterschiedlichen Regionen unterschiedlich auswirken, müssen sich Leitbilder auf konkrete regionale Gebiete beziehen. Inwieweit stimmen Sie dieser Aussage sektorenübergreifend zu?
>
> Bitte tragen Sie einen Wert ein: Geben Sie 10 an, wenn Sie der Aussagen voll und ganz zustimmen und 1, wenn Sie die Aussage ganz und gar ablehnen.

	Ablehnung	2	3	4	5	6	7	8	9	Zustimmung
Regionale Leitbilder sind sinnvoll										

Frage 1.2:

Wie hoch schätzen Sie den Handlungsbedarf für den Bund in den verschiedenen Bereichen ein?

Bitte tragen Sie einen Wert ein: Geben Sie 10 an, wenn Sie einen sehr hohen Handlungsbedarf sehen und 1, wenn Sie keinen Handlungsbedarf sehen.

	Kein Handlungsbedarf	2	3	4	5	6	7	8	9	Hoher Handlungsbedarf
Naturschutz										
Landwirtschaft										
Forstwirtschaft										
Gesundheit										
Wasserwirtschaft										
Verkehr										
Städtebau/ Stadtplanung										
Gebäudetechnik										
Energiewirtschaft										
Bodenschutz										
Tourismus										

Frage 1.3:

Stellen Sie sich vor die Bundesregierung stellt Ihnen 10 Millionen Euro für regionale Maßnahmen zur Anpassung an Klimaveränderungen zur Verfügung. Ihre Aufgabe ist es, dieses Geld auf die folgenden Sektoren zu verteilen. Bitte bedenken Sie dabei, dass es sich um regionale Maßnahmen handeln soll (am besten stellen Sie sich die Region vor, für die Sie Verantwortung haben oder in der Sie leben).

Bitte tragen Sie jeweils die Summe ein, die Sie aus dem Budget von 10 Millionen Euro jedem der unten genannten Ziele zuordnen wollen. Es zählt hier nur Ihre Meinung, unabhängig davon, ob sie Ihre Vorschläge politisch durchsetzen können oder nicht:

Welche Region haben Sie für Ihre Aufteilung des Budgets im Auge?

_____

	Summe
Naturschutz	
Landwirtschaft	
Forstwirtschaft	
Gesundheit	
Wasserwirtschaft	
Verkehr	
Städtebau/ Stadtplanung	
Gebäudetechnik	
Energiewirtschaft	
Bodenschutz	
Tourismus	
Summe	10,00 Mio

Frage 1.4 Wasserwirtschaft:

> Nun zu einer ähnlichen Frage: Stellen Sie sich wieder vor, die Bundesregierung würde für ganz Deutschland 100 Millionen Euro für Anpassungsmaßnahmen im Bereich der Wasserwirtschaft im Rahmen eines 10 Jahres Planes zur Verfügung stellen. Wie viel Geld aus diesem Budget würden Sie für die folgenden Großregionen in Deutschland vorsehen, wenn Sie dies zu entscheiden hätten?

	Summe Budget
Nordost-Tiefland	
Mittelgebirge	
Westdeutsches Tiefland	
Alpen, Alpenvorland	
Küstenregionen	
Summe	**100 Mio**

Frage 1.5 Wasserwirtschaft:

> Neben der regionalen Aufteilung ist auch die funktionale Aufteilung von besonderer Bedeutung. Nehmen Sie wieder das Budget von 100 Mio. Euro für ganz Deutschland, wie würden Sie diese Summe auf die folgenden Funktionen verteilen?

	Budget
Hochwasserschutz	
Trinkwasserversorgung	
Grundwasserschutz	
Bewässerung	
Abwasserbeseitigung	
Gewässerökologie	
Niedrigwasseraufhöhung	
Sicherung der Schifffahrt	
Summe	**100 Mio**

Teil 2:
Hochwasser

Frage 2.1:

Wie relevant schätzen Sie die folgenden Anpassungserfordernisse für den Hochwasserschutz ein? Bitte tragen Sie einen Wert ein. Geben Sie 10 an, wenn Sie die Relevanz als sehr hoch einschätzen und 1, wenn Sie keine Relevanz sehen.	Wie sicher fühlen Sie sich bei der Beantwortung der Fragen?

	Keine Relevanz	2	3	4	5	6	7	8	9	Hohe Relevanz	Sehr sicher	Eher sicher	Eher nicht sicher	Absolut nicht sicher
Technischer Hochwasserschutz (z.B. Bau von Dämmen, Hochwasserrückhaltebecken)											☐	☐	☐	☐
Maßnahmen des dezentralen (nicht-technischen) Hochwasserschutzes											☐	☐	☐	☐
Verstärkung der Kommunikation zur Sensibilisierung der Hochwasservorsorge											☐	☐	☐	☐
Verbesserung der Hochwasservorhersagen											☐	☐	☐	☐
Verbesserung der Instrumentarien zur Steuerung der Bauleitplanung											☐	☐	☐	☐
Optimierung der Steuerungsstrategien bei Hochwasserrückhaltebecken und Talsperren											☐	☐	☐	☐
Landnutzungsänderung zur Verbesserung des Wasserrückhaltes											☐	☐	☐	☐

Frage 2.2:

| Wenn Sie an die politische Durchsetzungsfähigkeit denken, wie realistisch ist es, dass die folgenden Anpassungserfordernisse zum Hochwasserschutz auch politisch in die Realität umgesetzt werden können?

Bitte tragen Sie einen Wert ein. Geben Sie 10 an, wenn Sie die politische Durchsetzungsfähigkeit als sehr hoch einschätzen und 1, wenn Sie diese als verschwindend gering ansehen. | Wie sicher fühlen Sie sich bei der Beantwortung der Fragen? |

	Extrem geringe Durchsetzungschance	2	3	4	5	6	7	8	9	Sehr hohe Durchsetzungschance	Sehr sicher	Eher sicher	Eher nicht sicher	Absolut nicht sicher
Technischer Hochwasserschutz (z.B. Bau von Dämmen, Hochwasserrückhaltebecken)											☐	☐	☐	☐
Maßnahmen des dezentralen (nicht-technischen) Hochwasserschutzes											☐	☐	☐	☐
Verstärkung der Kommunikation zur Sensibilierung der Hochwasservorsorge											☐	☐	☐	☐
Verbesserung der Hochwasservorhersagen											☐	☐	☐	☐
Verbesserung der Instrumentarien zur Steuerung der Bauleitplanung											☐	☐	☐	☐
Optimierung der Steuerungsstrategien bei Hochwasserrückhaltebecken und Talsperren											☐	☐	☐	☐
Landnutzungsänderung zur Verbesserung des Wasserrückhaltes											☐	☐	☐	☐

Frage 2.3:

Inwieweit stimmen Sie den folgenden Aussagen zu? Bitte tragen Sie einen Wert ein: Geben Sie 10 an, wenn Sie der Aussagen voll und ganz zustimmen und 1, wenn Sie die Aussage ganz und gar ablehnen.	Wie sicher fühlen Sie sich bei der Beantwortung der Fragen?

	Ableh-nung	2	3	4	5	6	7	8	9	Zustim-mung	Sehr sicher	Eher sicher	Eher nicht sicher	Abso-lut nicht sicher
Ein 100jährlicher Abfluss, d.h. eine Eintrittswahrscheinlichkeit von 1×10^{-2}, ist bei der Planung und Durchführung von Hochwasserschutzmaßnahmen zu Grunde zu legen											☐	☐	☐	☐
Ein 200jährlicher Abfluss,,d.h. eine Eintrittswahrscheinlichkeit von 2×10^{-2}, ist als Zeitspanne bei der Planung und -durchführung hochwasserschützender Maßnahmen wegen der höheren Unsicherheiten durch den Klimawandel zu Grunde zu legen											☐	☐	☐	☐
Bei ausgewiesenen Schutzgebieten ist der Raumbedarf auf die 5-6 fache Breite der natürlichen Gewässersohle auszuweiten											☐	☐	☐	☐

Teil 5: Offene Fragen

Frage 5.1:

Wenn Sie an die Notwendigkeit der Anpassung an den Klimawandel denken, was würden Sie der Bundesregierung empfehlen, was im Bereich Wasser/Wasserwirtschaft prioritär zu tun sei?

Maßnahmen	Anwendungsbereich

Frage 5.2:

Welche Maßnahmen sind in der Wasserwirtschaft insgesamt in den nächsten 10 Jahren vorrangig zu betreiben? Wer sollte Ihrer Ansicht nach diese Maßnahmen in die Wege leiten?

Maßnahmen	Verantwortliche Stelle zur Umsetzung

Frage 5.3:

Gibt es noch weitere Kommentare oder eine Anregungen, die Sie zum Thema Leitbild für die Wasserwirtschaft zur Anpassung an Klimafolgen anbringen wollen?

Kommentar

12.2 Auszug aus dem Fragebogen OSIRIS (Individual-Delphi)

Key Topic 1 (KT1): Focus of OSIRIS (1.1)

1.1 What should OSIRIS do?

	Very important	Important	Partly important	Not important at all
Contribute to the generation of databases				
Develop integrated assessment strategies for (groups) of chemicals				
Develop and evaluate individual ITS building blocks				
Generate ITS procedures (IT-Tools and Guidance Documents)				

KT1: Output of OSIRIS (1.1)

1.1 What should OSIRIS do?

	Very important	Important	Partly important	Not important at all
Summaries of evaluated experimental data following the OECD Guidelines for the testing of chemicals.				
Estimates of individual fate and (eco)toxicity data including information about the uncertainty of the predictions.				
Generation of PNEC and DNEL information.				

KT2: Tools and instruments for testing strategies of OSIRIS - Building blocks of ITS (2.1)

2.1 Existing tools in OSIRIS: Which of the tools below for generating fate and (eco)toxicity information are important for the testing strategies in the REACH process and should be included in Pillar 4?

	Very important	Important	Partly important	Not important at all
Animal data generated according to accepted guidelines				
Non-guideline animal data				
In vitro methods generated according to validated methodologies				
In vitro methods generated according to 'suitable' methodologies				
Hazard data from structurally related chemicals (read-across)				
(Q)SARs				
Threshold of Toxicological Concern				

KT3: Databases of Chemicals - Kind of databases (3.1)

3.1 Which databases should be included in the future for (eco)toxicity and exposure assessment?

	Fully agree	Partly agree	Partly disagree	Fully disagree
Exposure and exposure categories				
Descriptions of categories of chemicals related to mode of toxic action				
Physicochemical properties				
Toxicity data				
Ecotoxicity data				
Information of modes of toxic action				
Estimates of fate and (eco)toxicity data including an estimate of their uncertainty				

12.3 Auszug aus dem Fragebogen OSIRIS (Gruppendelphi)

Key Topic 1: Main Focus of OSIRIS: What should be the priorities for OSIRIS?

Priorities of OSIRIS	Rank 1	Rank 2	Rank 3	
To build a set of databases (with experimental and other data) that can be used for many purposes in and outside of Osiris				
To develop and evaluate individual ITS building blocks for physicochemical, (eco)toxicological and exposure data				
To develop integrated assessment strategies for (groups) of chemicals, using the different building blocks of ITS				
Others:				
What are the conditions for the success of OSIRIS?	Rank 1	Rank 2	Rank 3	Rank 4
To have existing testing data on relevant endpoints (in database format)				
To have existing databases operational which are relevant for ITS				
To have harmonized templates for quality assessment of data				
Others:				

What should have priority with respect to the output (products) of Osiris?	Rank 1	Rank 2	Rank 3	Rank 4
Operational ITSs for all endpoints, using a weight-of-evidence approach.				
Operational overall ITS, using a weight-of-evidence approach.				
Summaries of assessment of adequacy of available information based on OECD guidelines or non-guidelines studies.				
Summaries of assessment of adequacy of available non-testing information including uncertainty of the predictions				

Key Topic 2: Tools and instruments for testing strategies of OSIRIS

Existing tools in OSIRIS: What building blocks should be developed preferentially for inclusion in ITS?

Building blocks of ITS	1 = hightest priority 9 = lowest priority
Animal data generated according to accepted guidelines	
Non-guideline animal data	
In vitro methods generated according to validated methodologies	
In vitro methods generated according to 'suitable' methodologies	
Hazard data from structurally related chemicals (read-across)	
(Q)SARs	
Threshold of Toxicological Concern	
Human data	
Tool to estimate low level exposure	
Comment:	

Key topic 3: Databases of Chemicals

Which databases will be more important <u>in the future</u> for (eco)toxicity and exposure assessment than today?

Kind of databases	1 = highest priority 7 = lowest priority
Exposure and exposure categories	
Descriptions of categories of chemicals related to mode of toxic action	
Physicochemical properties	
Toxicity data	
Ecotoxicity data	
Information of modes of toxic action (e.g. chemical reactivity)	
Estimates of fate and (eco)toxicity data including an estimate of their uncertainty	
Comment:	

12.4 Auszug aus dem Fragebogen Adipositas (Gruppendelphi)

Seite 1 Teil 1: Allgemeine Fragen zur Relevanz des Adipositasproblems

Für wie gravierend halten Sie die nachfolgenden Probleme für Deutschland, wenn Sie an die nächsten 5-10 Jahre denken?

	gar nicht gravierend	2	3	4	5	6	7	8	9	sehr gravierend
Globaler Klimawandel										
Arbeitslosigkeit										
Sicherung des Energiebedarfs										
Sicherung der Renten										
Bedrohung durch den Terrorismus										
Finanzierung des Gesundheitswesens										
Übergewicht und Adipositas bei Kindern und Jugendlichen										
Rechtsextremismus in Deutschland										
Die Neue Armut										
Jugendgewalt										

Für wie effektiv halten Sie die Umsetzung der genannten Maßnahmen zur <u>Prävention</u> von Übergewicht und Adipositas bei Kindern und Jugendlichen?

Wie sicher sind Sie sich Ihres Urteils?

	gar nicht effektiv	2	3	4	5	6	7	8	9	sehr effektiv		sehr sicher	2	3	sehr unsicher
Die Aufnahme des Faches Gesundheitserziehung in die Curricula aller Jahrgangsstufen an den allgemeinbildenden Schulen															
Ausweitung des Sportangebots an allen Schulen auf 2 Doppelstunden wöchentlich															
Den Verkauf von hochkalorischen Lebensmitteln in Schulen und KITAS verbieten (> 10% Zucker- oder > 20% Fettanteil)															
Ausbau von wohnquartiernahen Spiel- und Sportstätten und Garantie des freien Zutritts, damit Kinder und Jugendliche bewegungsintensive Freizeitalternativen haben															
Schaffung von Stellen zur Koordination von Maßnahmen der Adipositasbekämpfung auf kommunaler, Länder- und Bundesebene															
Durchsetzung einer leicht verständlichen Kennzeichnung von Lebensmitteln entsprechend dem britischen Ampel-System															

Durchsetzung eines Werbeverbots für hoch-kalorische Lebensmittel (> 10%Zucker- oder > 20% Fettanteil)														
Umsetzung eines an Nachhaltigkeit orientier-ten Unternehmensrating, mit steigenden Kapitalbe-schaffungskosten für Risiko produzierende Unternehmen (mit mögli-chen Einflüssen auf Adipositas bei Kindern und Jugendlichen)														
Durchführung von Stu-dien zur Erreichbarkeit (z.B. Mediennutzung) von Kindern und Jugend-lichen in Problem-gruppen														

Seite 8

Wer sollte in erster Linie die Verantwortung für die Durchführung der jeweiligen Präventionsmaßnahmen übernehmen?

	Bund	Länder	Kom-munen	Indus-trie	Wohl-fahrts-verbän-de	Kran-kenkas-sen/-ver-siche-rungen	nie-mand	wer sonst?
Die Aufnahme des Faches Gesundheitserziehung in die Curricula aller Jahr-gangsstufen an den all-gemein bildenden Schulen								_____
Ausweitung des Sportan-gebots an allen Schulen auf 2 Doppelstunden wöchentlich								_____

Den Verkauf von hochkalorischen Lebensmitteln in Schulen und KITAS verbieten (> 10% Zucker- oder > 20% Fettanteil)								—
Ausbau von wohnquartiernahen Spiel- und Sportstätten und Garantie des freien Zutritts, damit Kinder und Jugendliche bewegungsintensive Freizeitalternativen haben								—
Schaffung von Stellen zur Koordination von Maßnahmen der Adipositasbekämpfung auf kommunaler, Länder- und Bundesebene								—
Durchsetzung einer leicht verständlichen Kennzeichnung von Lebensmitteln entsprechend dem britischen Ampel-System								—
Durchsetzung eines Werbeverbots für hochkalorische Lebensmittel (> 10% Zucker- oder > 20% Fettanteil)								—
Umsetzung eines an Nachhaltigkeit orientierten Unternehmensrating, mit steigenden Kapitalbeschaffungskosten für Risiko produzierende Unternehmen (mit möglichen Einflüssen auf Adipositas bei Kindern und Jugendlichen)								—
Durchführung von Studien zur Erreichbarkeit (z.B. Mediennutzung) von Kindern und Jugendlichen in Problemgruppen								—

An diesem Delphi sind VertreterInnen der Lebensmittelindustrie, des Gesundheitswesens - Medizin, Krankenkassen -, von Politik und öffentlicher Verwaltung, Verbraucherverbänden, von Finanzdienstleistern bzw. Ratingagenturen, Versicherungen, Ernährungswissenschaften bzw. Ernährungsberatung und von Kommunikationsunternehmen repräsentiert.

Welchen besonders relevanten Beitrag sollten diese Gruppen Ihrer Ansicht nach leisten, um dem Problem der Adipositas von Kindern und Jugendlichen adäquat zu begegnen?

Die Medizin (Ärzte):

Krankenkassen und -versicherungen:

Lebensmittelindustrie:

Politik:

Die öffentliche Verwaltung:

Verbraucherverbände:

Finanzdienstleister bzw. Rating-agenturen:

Ernährungswissen-schaften:

Ernährungsberater: (Organisationen)

Kommunikations branche:

Versicherungen:

12.5 Auszug aus dem Fragebogen NEEDS

Importance of criteria for the measurement of social effects of energy systems

Below you will find a list of different criteria that may influence the assessment of social effects of energy systems. Please mark for all criteria how essential the criterion is in your opinion to measure social effects of energy systems. Please mark additionally, if the criterion should be included in the final catalogue of social criteria for the measurement of social effects of energy systems or not and how confidence you feel about your response.

> *Do you think that the criterion ... xy ...* **is absolutely necessary/ rather necessary/ rather not necessary/ absolutely not necessary** *for the measurement of social effects of energy systems and should be* **included/ not included** *in the final set of social criteria?*

criterion	absolutely necessary	rather necessary	rather not necessary	absolutely not necessary	in-clude	not include
continuity of energy service over time	☐	☐	☐	☐	☐	☐

how confident do you feel about your response?	absolutely confident	rather confident	rather not confident	absolutely not confident
	☐	☐	☐	☐

If you had to choose five criteria that should be used **by all means** for the representation of social effects of energy systems, which criteria would this be? Give reasons for your choice.

Criterion 1: ✍ _____

Criterion 2: ✍ _____

Criterion 3: ✍ _____

Criterion 4: ✍ _____

Criterion 5: ✍ _____

Main criterion: political stability and legitimacy

Do you think that the indicator ... xy ... is absolutely necessary/ rather necessary/ rather not necessary/ absolutely not necessary for the measurement of the related criterion and should be included/ not included in the final set of social indicators for the measurement of social effects of energy systems?

2.3. criterion: conflicts induced by energy systems	absolutely necessary	rather necessary	rather not necessary	absolutely not necessary	include	not include
2.3.1. indicator: potential of conflicts induced by energy systems that may endanger the cohesion of societies	☐	☐	☐	☐	☐	☐
2.3.2. indicator: reliance on participative decision-making processes for different kinds of technologies	☐	☐	☐	☐	☐	☐
2.3.3. indicator: empirical survey results about citizens' acceptance of the power plant	☐	☐	☐	☐	☐	☐
2.3.4. indicator: willingness of NGOs and other citizens movements to act for or against the realisation of an option	☐	☐	☐	☐	☐	☐

how confident do you feel about your responses?	absolutely confident	rather confident	rather not confident	absolutely not confident
	☐	☐	☐	☐

Sociodemographical and personal questions

Now we are at the end of the questionnaire. To conclude our questions we would like to ask you some personal questions.

Which type of stakeholder-group do you represent?

☐ Non-Governmental Organisation
☐ Energy Industry
☐ Governmental Energy Agency
☐ Governmental Environmental Agency
☐ Policy maker
☐ Consumer Representatives

☐ Energy and Environmental Consultants
☐ Other Industry
☐ Scientists
☐ other group:
  ✎ _____
☐ no answer

Please tell us if you are...
☐ female
☐ male

☐ no answer

Year of your birthday

✎ 19_____

☐ no answer

Participation in the Delphi procedure

The information you have provided us with filling in the questionnaire will be analysed and used as a basis for a Stakeholder-Delphi, which we are planning to arrange on 23rd and 24th of January 2006 in Brussels. We would like to invite Stakeholders to discuss the social indicators for the measurement of social effects of energy systems and to explore to what extent stakeholders accept the assessment of social effects.

Would you agree to participate in the Delphi?

☐ yes, I would like to participate in the Delphi
☐ no, I would not like to participate in the Delphi

12.6 Auszug aus dem Fragebogen gesellschaftlichen Aspekten der Nachhaltigkeit von Stromerzeugungsanlagen

> 1.1 Wie hoch schätzen Sie die wahrgenommene Kompetenz hinsichtlich des sicheren Betriebes der Energieanlage ein, die dem Betreiber typischerweise seitens der Anwohner zugeschrieben wird?
>
> Bitte tragen Sie für jede Technologie einen Prozentwert ein. Geben Sie 100% an, wenn dem Anlagenbetreiber die Kompetenz bezüglich des Anlagebetriebs ohne jede Einschränkung zugeschrieben wird und 0%, wenn dem Anlagenbetreiber jegliche Kompetenz für den Anlagebetrieb abgesprochen wird. Mit den Werten dazwischen können Sie differenzieren.

Ich schätze die von den Anwohnern der Energieanlagen typischerweise wahrgenommene Kompetenz des Anlagenbetreibers wie folgt ein...

	Kern-KW Druckwasser Uran Schweiz	Kern-KW Druckwasser Uran Frankreich	Wasser-KW Speicher >10 MWel Schweiz	Wasser-KW Laufwasser >10 MWel Schweiz	Dampf-KW Steinkohle Deutschland	Kombi-KW Grundlast Erdgas Schweiz	Kombi-KW Mittellast Erdgas Schweiz	Kombi-KW Grundlast Erdgas Italien	WKK Otto l>1 SCR Biogas Schweiz
Jahr 2000									
Jahr 2030									

Ich schätze die von den Anwohnern der Energieanlagen typischerweise wahrgenommene Kompetenz des Anlagenbetreibers wie folgt ein...

	WKK Otto l=1 NSCR Erdgas Schweiz	WKK Otto l=1 NSCR Holz-Methan Schweiz	WKK Brennstoffzelle SOFC Erdgas Schweiz	Photovoltaik kristallines Si Schweiz	Photovoltaik amorphes Si Schweiz	Wind onshore Schweiz	Wind onshore Deutschland	Wind offshore Dänemark	Geothermie EGS Schweiz
Jahr 2000									
Jahr 2030									

Wie sicher fühlen sie sich bei der Beantwortung dieser Frage für das Jahr 2000?	Sehr sicher	Eher sicher	Eher nicht sicher	Absolut nicht sicher
	☐	☐	☐	☐
Wie sicher fühlen sie sich bei der Beantwortung dieser Frage für das Jahr 2030?	☐	☐	☐	☐

Abschließend möchten wir Ihnen gerne Fragen zu Ihrem beruflichen Tätigkeitsfeld stellen

Sie sind beruflich tätig auf dem Gebiet der...

☐ Geisteswissenschaften

☐ Ingenieurwissenschaften

☐ Naturwissenschaften

☐ Sozialwissenschaften

☐ Rechtswissenschaften

☐ Wirtschaftswissenschaften

☐ Psychologie und Kommunikationsforschung

☐ keine Angabe

Anderes berufliches Gebiet:

✎ _____

Möchten Sie abschließend zu dem Fragebogen noch etwas anmerken?

_____

_____

13 Anhang Tagesabläufe der Gruppendelphis

Abbildung 18:   Tagesablauf WASKlim Gruppendelphi

Umweltbundesamt-Experten-Delphi zur Entwicklung eines Leitbildes für die Anpassungsstrategie an den Klimawandel im Bereich Wasserwirtschaft

Ort: Umweltbundesamt, Dessau
Zeit: Dienstag 08.04.2008

Programm:
09:00 Uhr	Begrüßung
09:10 Uhr	Einführung in das Thema und die Adaptionsstrategien (UDATA)
09:40 Uhr	Einführung in das Gruppendelphi und den Tagesablauf
10:00 Uhr	Vorstellung des Fragebogens mit Rückfragen
10:30 Uhr	Erste Delphi-Runde
12:00 Uhr	Mittagspause
12:30 Uhr	Plenarsitzung: Diskussion der Delphi-Ergebnisse
13:30 Uhr	Zweite Delphi-Runde
14:00 Uhr	Kaffeepause
14:30 Uhr	Plenarsitzung
15:30 Uhr	eventuell Dritte Delphi-Runde
16:00 Uhr	Kaffeepause
16:15 Uhr	Letzte Plenarrunde
16:45 Uhr	Verabschiedung
17:00 Uhr	Ende

Abbildung 19: Agenda OSIRIS

Wednesday, 28th of November 2007	
13.00	*On-site Registration*
14.00	**Welcome and Introduction**
	Dr. J.J. M. (Han) van de Sandt, TNO Quality of Life, Zeist, the Netherlands
	Prof. Dr. Ortwin Renn, DIALOGIK & University of Stuttgart, Germany
14.15	**OSIRIS Pillar 4: Envisioned products and procedure**
	State of the art; focus and output of OSIRIS
	Dr. Han van de Sandt, TNO Quality of Life, Zeist, the Netherlands
	Questionnaire topics 2-6
	Dr. Dinant Kroese, TNO Quality of Life, the Netherlands
	Results of the questionnaire
	Prof. Dr. C. J. (Kees) van Leeuwen, TNO Quality of Life, the Netherlands
15.15	**Delphi method: aim and procedure**
	Introduction to method
	Prof. Dr. Ortwin Renn, DIALOGIK & University of Stuttgart, Germany
15.30	**First Round: Group Experts Delphi: break out in smaller groups**
17.00	*Coffee break*
17.30	**Plenary discussion: Justification of Group Results**
19.00	*Adjourn, invitation for a joined dinner*
Thursday, 29th of November 2007	
9.15	**Feedback from day 1**
	Second Round: Group Experts Delphi: break out in smaller groups
10.45	*Coffee break*
11.15	**Plenary Discussion: Justification of Group Results**
12.30	*Lunch*
13.30	**Third Round: Group Experts Delphi: break out in smaller groups**
14.30	*Coffee break*
15.00	**Plenary Discussion: Justification of Group Results**
15.30	**Concluding Session: General Feedback**
16.00	*End of the workshop*

Abbildung 20:   Agenda Adopositas

Tagesordnung
Beginn: 10:00 Uhr

1. 10:00 – 10:15   Begrüßung durch Prof. Renn
2. 10:15 – 10:25   Organisatorisches (Fr. Schnepf / Fr. Lampke)
3. 10:25 – 10:40   Kurzeinführung in die Zielsetzung und den Ablauf eines Gruppendelphi
4. 10:40 – 10:55   Impulsreferat (Zwick)
5. 11:00 – 12:00   Bildung der Arbeitsgruppen. Erste Delphi-Runde
6. 12:00 – 13:00   Mittagspause *(Auswertung der Ergebnisse)*
7. 13:00 – 13:55   Vorstellung der Ergebnisse der ersten Delphi-Runde und Diskussion im Plenum
8. 14:00 – 15:00   Bildung neuer Arbeitsgruppen. Zweite Delphi-Runde
9. 15:00 – 15:30   Kaffeepause *(Auswertung der Ergebnisse)*
10. 15:30 – 16:15   Vorstellung der Ergebnisse der zweiten Delphi-Runde und Diskussion
11. 16:15 – 16:30   Fazit und Verabschiedung durch Prof. Renn

Ende: 16.30 Uhr

Abbildung 21:   Agenda NEEDS

Monday 23rd of January 2006

02.00 – 03.00	Introduction: welcome, arrangements Introduction into the Delphi-Method, agenda
03.00 – 03.20	Information about the results of the survey on social indicators of energy systems
03.20 – 03.30	Plenary discussion about the survey results; criteria and indicators: questions and comments
03.30 – 04.30	Filling in of the questionnaire in working groups, selection of criteria
04.30 – 05.00	Coffee break
05.00 – 05.30	Presentation of group results, questions and comments
05.30 – 06.30	Filling in of the questionnaire in working groups, selection of criteria
07.00	Dinner

Tuesday 24th of January 2006

09.00 – 09.30	Summary of the first day, final set of criteria
09.30 – 10.30	Filling in of the questionnaire in working groups, selection of indicators
10.30 – 11.00	Coffee-break
11.00 – 11.30	Plenary discussion about the social indicators
11.30 – 12.30	Filling out of the questionnaire in working groups, selection of indicators
12.30 – 02.00	Lunch
02.30 – 03.45	Final plenary discussion
03.45 – 04.00	Summary of the meeting results, conclusion

Abbildung 22: Agenda Gesellschaftliche Aspekte der Nachhaltigkeit von
Stromerzeugungsanlagen

Gesellschaftliche Aspekte der Nachhaltigkeit von Stromerzeugungsanlagen

Agenda für das Experten Delphi am 08. und 09. März 2006

Mittwoch 08. März 2006

14.00 – 14.20	Begrüßung
14.20 – 14.35	Vorstellung des Projektes „Gesellschaftliche Aspekte der Nachhaltigkeit von Stromerzeugungsanlagen"
14.35 – 14.45	Vorstellung und Erläuterung der Delphi-Methode
14.45 – 15.15	Vorstellung der Resultate der schriftlichen Experten Befragung
15.15 – 15.45	Plenumsdiskussion über die Ergebnisse der Befragung
15.45 – 17.15	Ausfüllen des Fragebogens in Kleingruppen
17.15 – 17.45	Kaffeepause
17.45 – .18.00	Präsentation der Ergebnisse der Kleingruppen - Plenumsdiskussion
18.00 – 18.30	Darstellung der Ergebnisse der ersten Sitzung
19.00	gemeinsames Abendessen im Waldhotel Degerloch

Donnerstag 09. März 2006

09.00 – 09.15	Besprechung des weiteren Vorgehens
09.15 – 10.15	Ausfüllen des Fragebogens in Kleingruppen
10.15 – 10.45	Kaffee Pause
10.45 – 11.45	Präsentation der Ergebnisse der Kleingruppen Plenumsdiskussion
11.45 – 12.45	Ausfüllen des Fragebogens in Kleingruppen
13.00 – 14.30	Mittagessen
14.30 – 16.00	Präsentation der Ergebnisse der Kleingruppen – Plenumsdiskussion, Zusammenfassung der Ergebnisse
16.00	Ende des Expertendelphis

Theorie

Dirk Baecker (Hrsg.)
**Schlüsselwerke
der Systemtheorie**
2005. 352 S. Geb. EUR 24,90
ISBN 978-3-531-14084-1

Ralf Dahrendorf
Homo Sociologicus
Ein Versuch zur Geschichte,
Bedeutung und Kritik der Kategorie
der sozialen Rolle
16. Aufl. 2006. 126 S. Br. EUR 14,90
ISBN 978-3-531-31122-7

Shmuel N. Eisenstadt
**Die großen Revolutionen und
die Kulturen der Moderne**
2006. 250 S. Br. EUR 34,90
ISBN 978-3-531-14993-6

Shmuel N. Eisenstadt
Theorie und Moderne
Soziologische Essays
2006. 607 S. Geb. EUR 49,90
ISBN 978-3-531-14565-5

Axel Honneth /
Institut für Sozialforschung (Hrsg.)
**Schlüsseltexte der
Kritischen Theorie**
2006. 414 S. Geb. EUR 34,90
ISBN 978-3-531-14108-4

Niklas Luhmann
Beobachtungen der Moderne
2. Aufl. 2006. 220 S. Br. EUR 24,90
ISBN 978-3-531-32263-6

Uwe Schimank
**Differenzierung und Integration
der modernen Gesellschaft**
Beiträge zur akteurzentrierten
Differenzierungstheorie 1
2005. 297 S. Br. EUR 29,90
ISBN 978-3-531-14683-6

Uwe Schimank
**Teilsystemische Autonomie
und politische Gesellschafts-
steuerung**
Beiträge zur akteurzentrierten
Differenzierungstheorie 2
2006. 307 S. Br. EUR 29,90
ISBN 978-3-531-14684-3

Jürgen Raab / Michaela Pfadenhauer /
Peter Stegmaier / Jochen Dreher /
Bernt Schnettler (Hrsg.)
Phänomenologie und Soziologie
Theoretische Positionen, aktuelle Pro-
blemfelder und empirische Umsetzungen
2008. 415 S. Br. EUR 29,90
ISBN 978-3-531-15428-2

Erhältlich im Buchhandel oder beim Verlag.
Änderungen vorbehalten. Stand: Juli 2008.

www.vs-verlag.de

VS VERLAG FÜR SOZIALWISSENSCHAFTEN

Abraham-Lincoln-Straße 46
65189 Wiesbaden
Tel. 0611.7878-722
Fax 0611.7878-400

Soziologie

Hans Paul Bahrdt

Die moderne Großstadt
Soziologische Überlegungen
zum Städtebau
Hrsg. von Ulfert Herlyn
2. Aufl. 2006. 248 S. Br. EUR 34,90
ISBN 978-3-531-14985-1

Jürgen Gerhards

**Kulturelle Unterschiede
in der Europäischen Union**
Ein Vergleich zwischen Mitgliedsländern,
Beitrittskandidaten und der Türkei
2., durchges. Aufl. 2006. 316 S.
Br. EUR 29,90
ISBN 978-3-531-34321-1

Andreas Hadjar / Rolf Becker (Hrsg.)

Die Bildungsexpansion
Erwartete und unerwartete Folgen
2006. 362 S. Br. EUR 29,90
ISBN 978-3-531-14938-7

Ronald Hitzler /
Michaela Pfadenhauer (Hrsg.)

Gegenwärtige Zukünfte
Interpretative Beiträge zur sozialwissen-
schaftlichen Diagnose und Prognose
2005. 274 S. Br. EUR 19,90
ISBN 978-3-531-14582-2

Andrea Mennicken /
Hendrik Vollmer (Hrsg.)

Zahlenwerk
Kalkulation, Organisation
und Gesellschaft
2007. 274 S. (Organisation und
Gesellschaft) Br. EUR 29,90
ISBN 978-3-531-15167-0

Armin Nassehi

Soziologie
Zehn einführende Vorlesungen
2008. 207 S. Geb. EUR 16,90
ISBN 978-3-531-15433-6

Gunter Schmidt / Silja Matthiesen /
Arne Dekker / Kurt Starke

Spätmoderne Beziehungswelten
Report über Partnerschaft und Sexualität
in drei Generationen
2006. 159 S. Br. EUR 24,90
ISBN 978-3-531-14285-2

Georg Vobruba

**Entkoppelung von Arbeit
und Einkommen**
Das Grundeinkommen in der
Arbeitsgesellschaft
2., erw. Aufl. 2007. 227 S. Br. EUR 24,90
ISBN 978-3-531-15471-8

Erhältlich im Buchhandel oder beim Verlag.
Änderungen vorbehalten. Stand: Juli 2008.

www.vs-verlag.de

VS VERLAG FÜR SOZIALWISSENSCHAFTEN

Abraham-Lincoln-Straße 46
65189 Wiesbaden
Tel. 0611.7878 - 722
Fax 0611.7878 - 400

Das Grundlagenwerk für alle Soziologie-Interessierte

> in überarbeiteter Neuauflage!

Das **Lexikon zur Soziologie** ist das umfassendste Nachschlagewerk für die sozialwissenschaftliche Fachsprache. Für die 4. Auflage wurde das Werk völlig neu bearbeitet und durch Aufnahme zahlreicher neuer Stichwortartikel erheblich erweitert.

Das **Lexikon zur Soziologie** bietet aktuelle, zuverlässige Erklärungen von Begriffen aus der Soziologie sowie aus Sozialphilosophie, Politikwissenschaft und Politischer Ökonomie, Sozialpsychologie, Psychoanalyse und allgemeiner Psychologie, Anthropologie und Verhaltensforschung, Wissenschaftstheorie und Statistik.

Werner Fuchs-Heinritz /
Rüdiger Lautmann /
Otthein Rammstedt /
Hanns Wienold (Hrsg.)
Lexikon zur Soziologie
4., grundl. überarb. Aufl.
2007. 748 S. Geb. EUR 39,90
ISBN 978-3-531-15573-9

Erhältlich im Buchhandel
oder beim Verlag.
Änderungen vorbehalten.
Stand: Juli 2008.

Die Herausgeber:

Dr. Werner Fuchs-Heinritz ist Professor für Soziologie an der FernUniversität Hagen.

Dr. Rüdiger Lautmann ist Professor an der Universität Bremen und Leiter des Instituts für Sicherheits- und Präventionsforschung (ISIP) in Hamburg.

Dr. Otthein Rammstedt ist Professor für Soziologie an der Universität Bielefeld.

Dr. Hanns Wienold ist Professor für Soziologie an der Universität Münster.

www.vs-verlag.de

VS VERLAG FÜR SOZIALWISSENSCHAFTEN

Abraham-Lincoln-Straße 46
65189 Wiesbaden
Tel. 0611.7878-722
Fax 0611.7878-400

DIE NEUE BIBLIOTHEK
DER SOZIALWISSENSCHAFTEN
IM VS VERLAG

MAURIZIO BACH
EUROPA OHNE
GESELLSCHAFT
POLITISCHE SOZIOLOGIE
DER EUROPÄISCHEN
INTEGRATION

PETER HEDSTRÖM
ANATOMIE DES
SOZIALEN – PRINZIPIEN
DER ANALYTISCHEN
SOZIOLOGIE

NIKLAS LUHMANN
ÖKOLOGISCHE
KOMMUNIKATION
KANN DIE MODERNE
GESELLSCHAFT
SICH AUF ÖKOLOGISCHE
GEFÄHRDUNGEN
EINSTELLEN?
5. AUFLAGE

LUTZ ZÜNDORF
DAS WELTSYSTEM
DES ERDÖLS
ENTSTEHUNGS-
ZUSAMMENHANG,
FUNKTIONSWEISE,
WANDLUNGSTENDENZEN

Weitere Infos
unter www.vs-verlag.de

VS Verlag für Sozialwissenschaften
Abraham-Lincoln-Straße 46 | 65189 Wiesbaden
Telefon 0611. 7878-245 | Telefax 0611. 7878-420

VS VERLAG

2908059R00090

Printed in Germany
by Amazon Distribution
GmbH, Leipzig